फ़ैज़ अहमद 'फ़ैज़'

जन्म : 13 फ़रवरी, 1911; गाँव–काला कादर, सियालकोट (पाकिस्तान)।

शिक्षा : आरम्भिक धार्मिक शिक्षा मौलवी मुहम्मद इब्राहिम मीर सियालकोटी से प्राप्त की। मैट्रिक स्कॉच मिशन स्कूल और स्नातकोत्तर मुरे कॉलेज, सियालकोट से। वामपंथी विचारधारा के जुझारू पैरोकार फ़ैज़ ने 1936 में *प्रगतिशील लेखक संघ* की एक शाखा पंजाब में आरम्भ की। 1935 में एम.ए.ओ. कॉलेज, अमृतसर और बाद में हेली कॉलेज ऑफ़ कॉमर्स, लाहौर में अध्यापन। 1938-1942 के दौरान उर्दू मासिक *अदबे-लतीफ़* का सम्पादन। कुछ समय तक फ़ैज़ ब्रिटिश इंडियन आर्मी में भी रहे, जहाँ 1944 में उन्हें लेफ़्टिनेंट कर्नल के पद पर पदोन्नत किया गया था। 1947 में सेना से इस्तीफ़ा देने के बाद *पाकिस्तान टाइम्स* के पहले प्रधान सम्पादक बने। 1959 से 1962 तक *पाकिस्तान आर्ट्स काउंसिल* के सचिव रहे।

1964 में लंदन से वापस आने के बाद फ़ैज़ कराची में अब्दुल्लाह हारून कॉलेज के प्रिंसिपल नियुक्त हुए।

1951 में फ़ैज़ को रावलपिंडी षड्यंत्र केस में चार साल की जेल की सज़ा भी हुई, जहाँ उन्होंने जीवन की कड़वी सच्चाइयों से सीधा साक्षात्कार किया।

प्रमुख रचनाएँ : *नक़्श-ए-फ़रियादी* (1941), *दस्ते-सबा* (1953), *ज़िन्दाँनामा* (1956), *मीज़ान* (1956), *दस्ते-तहे-संग* (1965), *सरे-वादिए-सीना* (1971), *शामे-शह्‌रे-याराँ* (1979), *मिरे दिल मिरे मुसाफ़िर* (1981), *ग़ुबारे-अय्यम*, *सारे सुख़न हमारे* (फ़ैज़ समग्र) लंदन से और *नुस्ख़हा-ए-वफ़ा* (फ़ैज़ समग्र) पाकिस्तान से, *पाकिस्तानी कल्चर* (उर्दू और अंग्रेज़ी में) (1984)। राजकमल से *प्रतिनिधि कविताएँ* प्रकाशित।

फ़ैज़ की रचनाओं का अंग्रेज़ी, रूसी, बलोची, हिन्दी सहित दुनिया की अनेक भाषाओं में अनुवाद हो चुका है।

पुरस्कार : *लेनिन पीस प्राइज़*, *द पीस प्राइज़* (पाकिस्तानी मानवाधिकार सोसायटी), *निगार अवार्ड*, *द एविसेना अवार्ड*, *निशाने-इम्तियाज़* (मरणोपरान्त)। 1984 में मृत्यु से पहले *नोबेल प्राइज़* के लिए नामांकन हुआ था।

निधन : 20 नवम्बर, 1984, लाहौर।

शामे-शह्रे-याराँ

फ़ैज़ अहमद 'फ़ैज़'

लिप्यंतरण

अब्दुल बिस्मिल्लाह

सम्पादन

अब्दुल बिस्मिल्लाह

धर्मेन्द्र सुशांत

राजकमल पेपरबैक्स

राजकमल पेपरबैक्स में
पहला संस्करण : 2024

राजकमल पेपरबैक्स : उत्कृष्ट साहित्य के जनसुलभ संस्करण

राजकमल प्रकाशन प्रा. लि.
1-बी, नेताजी सुभाष मार्ग, दरियागंज
नई दिल्ली-110 002
द्वारा प्रकाशित

शाखाएँ : अशोक राजपथ, साइंस कॉलेज के सामने, पटना-800 006
पहली मंजिल, दरबारी बिल्डिंग, महात्मा गांधी मार्ग, इलाहाबाद-211 001
1, अनमोल सोराबजी सन्तुक लेन, धोबी तलाव, मरीन लाइंस, मुम्बई-400 002
वेबसाइट : www.rajkamalprakashan.com
ई-मेल : info@rajkamalprakashan.com

विकास कम्प्यूटर एंड प्रिंटर्स
ट्रॉनिका सिटी-201 102
द्वारा मुद्रित

मूल्य : ₹199

SHAME-SHEHRE-YARAN
Poems by Faiz Ahmad 'Faiz'
Transliteration by Abdul Bismillah

ISBN : 978-93-6086-182-7

मजीद भाई और आमना बहन के नाम

क्रम

फ़रमाइशें

पंजाबी नज़्में

अनुवाद

पेश गुफ़्तार*

जब मैंने इस मज्मूए[1] का मसविदा इशाअत[2] के लिए भेजा तो अपने दोस्त और नाशिर[3] चौधरी अब्दुल हमीद साहब की जानिब[4] से फ़र्माइश वसूल[5] हुई कि इसमें कुछ नस्त्र[6] का भी इज़ाफ़ा होना चाहिए। इसलिए कि बक़ौल उनके बाज़ लोगों को मुसन्निफ़[7] की ज़ात[8] में भी दिलचस्पी है। एक अज़ीज़[9] और करमफरमा[10] मिर्ज़ा ज़फ़रूल हसन पहले ही इस काम के पीछे लगे हुए हैं। चुनांचे उन्हीं के जमाकर्दा[11] मसाल:[12] का कुछ हिस्सा इन सफ़हात[13] में शामिल कर दिया गया है।

—फ़ैज़

---

* पुरोवाक्।

1. संकलन, 2. प्रकाशन, 3. प्रकाशक, 4. तरफ़, 5. प्राप्त, 6. गद्य, 7. रचनाकार, 8. व्यक्तित्व, 9. प्रिय, 10, कृपालु, 11, एकत्र किए गए, 12. विवरण, 13. पृष्ठों।

अह्दे-तिफ़्ली से उंफ़ुवाने-शबाब तक*

—मिर्ज़ा ज़फ़रुल हसन से एक गुफ़्तगू

हमारे शोअरा[1] को मुस्तक़िलन[2] यह शिकायत रही है कि ज़माने ने उनकी क़द्र नहीं की। नाक़द्री इब्ना-ए-वतन[3] हमारी शाइरी का एक मुस्तकिल मौज़ूअ[4] है। हमें इससे उलट शिकायत यह है कि हमपे लुत्फ़ो-इनायत[5] की इस क़दर बारिश रही है, अपने दोस्तों की तरफ़ से, अपने मिलने वालों की तरफ़ से और उनकी जानिब से भी जिनको हम जानते भी नहीं, अक्सर निदामत[6] होती है कि इतनी दादोदिहिश[7] का मुस्तहक़ होने के लिए जो थोड़ा-बहुत काम हमने किया है उससे बहुत ज़्यादा हमें करना चाहिए था।

यह कोई आज की बात नहीं है। बचपन ही से इस क़िस्म का तास्सुर[8] रहा है। जब हम बहुत छोटे थे, स्कूल में पढ़ते थे, तो स्कूल के लड़कों के साथ भी कुछ इस क़िस्म के तअल्लुक़ात कायम हो गए थे कि ख़्वाहमख़्वाह उन्होंने हमें लीडर तस्लीम कर लिया था। हालाँकि लीडरी की सिफ़ात[9] हममें नहीं थीं। या तो आदमी बहुत लट्ठबाज़ हो कि दूसरे उसका रोब मानें या वह सबसे बड़ा फ़ाज़िल[10] हो। हम पढ़ने-लिखने में ठीक थे, खेल भी लेते थे। लेकिन पढ़ाई में हमने कोई ऐसा कमाल पैदा नहीं किया था कि लोग हमारी तरफ़ मुतवज्जा[11] हों।

---

* बचपन के ज़माने से जवानी यौवनारम्भ तक।

1. शायरों, 2. स्थायी रूप से, 3. वतन की नींव डालना, 4. विषय, 5. आनन्द और कृपा, 6. लज्जा, पश्चाताप, 7. दानशीलता, 8. प्रभाव, 9. गुण (बहुवचन में), 10. विद्वान, 11. ध्यान देनेवाले।

बचपन का मैं सोचता हूँ तो एक यह बात ख़ास तौर पर याद आती है कि हमारे घर में ख़वातीन[1] का एक हुजूम था। हम जो तीन भाई थे, उनमें हमारे छोटे भाई (इनायत) और बड़े भाई (तुफ़ैल) ख़वातीन से बाग़ी होकर खेलकूद में मसरूफ़ रहते थे। हम अकेले उन ख़वातीन के हाथ आ गए। इसका कुछ नुक़सान भी हुआ और कुछ फ़ायदा भी। फ़ायदा तो यह हुआ कि उन ख़वातीन ने हमको इन्तिहाई शरीफ़ाना ज़िन्दगी बसर करने पर मजबूर किया, जिसकी वजह से कोई ग़ैर मुहज़्ज़ब[2] या उजड्ड क़िस्म की बात उस ज़माने में हमारे मुँह से नहीं निकलती थी। अब भी नहीं निकलती। नुक़सान यह हुआ, जिसका मुझको अक्सर अफ़सोस होता है कि बचपन में खिलन्दड़ेपन या एक तरह के लहो-व-लअब[3] की ज़िन्दगी गुज़ारने से हम महरूम रहे। मसलन यह कि गली में कोई पतंग उड़ा रहा है, कोई गोलियाँ खेल रहा है, कोई लट्टू चला रहा है—हम बस खेलकूद को देखते रहते थे, अकेले बैठकर। होता है शबो-रोज़ तमाशा मेरे आगे के मिस्दाक़[4] हम उन तमाशों के सिर्फ़ तमाशाई बने रहते और उनमें शरीक होने की हिम्मत इसलिए नहीं होती थी कि उसे शरीफ़ाना शग़ल या शरीफ़ाना काम नहीं समझते थे।

असातिज़ा[5] भी हम पर मेहरबान रहे। आजकल की मैं नहीं जानता, हमारे ज़माने में तो स्कूल में सख़्त पिटाई होती थी। हमारे अहेद के उस्ताद तो निहायत ही जल्लाद क़िस्म के लोग थे। सिर्फ़ यही नहीं कि उनमें से किसी ने हमको हाथ नहीं लगाया, बल्कि हर क्लास में हमको मॉनीटर बनाते थे। बल्कि (साथी लड़कों को) सज़ा देने का मंसब[6] भी हमारे हवाले करते थे। यानी फ़ुलाँ[7] को चाँटा लगाओ, फ़ुलाँ को थप्पड़ मारो। इस काम से हमें बहुत कोफ़्त होती थी और हम कोशिश करते थे कि जिस क़दर भी मुमकिन हो यूँ सज़ा दें कि हमारे शिकार

---

1. स्त्रियाँ, 2. असभ्य, 3. खेलकूद, 4. चरितार्थ, 5. अध्यापक (बहुवचन में), 6. पद, 7. अमुक।

को वह सज़ा महसूस न हो। तमाचे की बजाय गाल थपथपा दिया, या कान आहिस्ता से खींचा...वग़ैरह। कभी हम पकड़े जाते तो उस्ताद कहते यह क्या कर रहे हो, ज़ोर से चाँटा मारो।

दो तास्सुर बहुत गहरे हैं। एक तो यह कि बच्चों की जो दिलचस्पियाँ होती हैं उनसे महरूम रहे। दूसरे यह कि अपने दोस्तों, हम जमाअतों[1] और अपने असातिज़ा से हमें बेपायाँ[2] शफ़क़त[3] व ख़ुलूस मिला, जो बाद के ज़माने के दोस्तों और मआस्रीन[4] से भी मिला और आज तक मिल रहा है।

सुबह हम अपने अब्बा के साथ फ़ज्र की नमाज़ पढ़ने मस्जिद जाया करते थे। मा'मूल[5] यह था कि अज़ान के साथ हम उठ बैठे, अब्बा के साथ मस्जिद गए, नमाज़ अदा की और घंटा-डेढ़ घंटा मौलवी इब्राहीम मीर सियालकोटी से जो अपने वक़्त के बड़े फ़ाज़िल थे, दर्से-क़ुरआन[6] सुना, अब्बा के साथ डेढ़-दो घंटे की सैर के लिए गए, फिर स्कूल। रात को अब्बा बुला लिया करते ख़त लिखने के लिए। उस ज़माने में उन्हें ख़त लिखने में कुछ दिक़्क़त होती थी। हम उनके सेक्रेटरी का काम अंजाम देते थे। उन्हें अख़बार भी पढ़कर सुनाते थे। इन मसरूफ़ियात की वजह से हमें बचपन में बहुत फ़ायदा हुआ। उर्दू, अंग्रेज़ी अख़बार पढ़ने और ख़ुतूत लिखने की वजह से हमारी इस्तेदाद[7] में काफ़ी इज़ाफ़ा हुआ।

एक और याद ताज़ा हुई। हमारे घर से मिली हुई एक दुकान थी, जहाँ किताबें किराए पर मिलती थीं। एक किताब का किराया दो पैसे होता। वहाँ एक साहब हुआ करते थे जिन्हें सब 'भाई साहब' कहते थे। भाई साहब की दुकान में उर्दू अदब का बहुत बड़ा ज़ख़ीरा जमा था। हमारी छठी-सातवीं जमात की तालिबइल्मी में जिन किताबों का रिवाज था वह आजकल क़रीब-क़रीब मफ़्क़ूद[8] हो चुकी हैं। जैसे तिलिस्म होशरूबा, फ़सानः-ए-आज़ाद, अब्दुल हमीद शरर के नॉवेल वग़ैरह।

---

1. सहपाठियों, 2. असीम, बेहद, 3. दया दृष्टि, 4. समकालीनों, 5. नित्य नियम, 6. क़ुरआन का पाठ, 7. योग्यता, 8. अप्राप्य, ग़ायब।

ये सब किताबें पढ़ डालीं। इसके बाद शाइरों का कलाम पढ़ना शुरू किया। दाग़ का कलाम पढ़ा। मीर का कलाम। ग़ालिब (का कलाम) तो उस वक़्त ज़्यादा हमारी समझ में नहीं आया। दूसरों का कलाम भी आधा समझ में आता था और आधा नहीं आता था। लेकिन उनका दिल पे असर कुछ अजब क़िस्म का होता था। यूँ शे'र से लगाव पैदा हुआ और अदब में दिलचस्पी होने लगी।

हमारे अब्बा के मुंशी घर के एक तरह से मैनेजर भी थे। हमारा उनसे किसी बात पर इख़्तिलाफ़[1] हो गया तो उन्होंने कहा कि अच्छा आज हम तुम्हारी शिकायत करेंगे कि तुम नॉवेल पढ़ते हो। स्कूल की किताबें पढ़ने की बजाय छुप कर अंट-शंट किताबें पढ़ते हो। हमें इससे बहुत डर लगा और हमने उनकी बहुत मिन्नत की कि शिकायत न करें मगर वह न माने और अब्बा से शिकायत कर ही दी। अब्बा ने हमें बुलाया और कहा मैंने सुना है तुम नॉवेल पढ़ते हो। मैंने कहा, जी हाँ। कहने लगे नॉवेल ही पढ़ना है तो अंग्रेज़ी नॉवेल पढ़ो। उर्दू के नॉवेल अच्छे नहीं होते। शहर के क़िले में जो लाइब्रेरी है वहाँ से नॉवेल लाकर पढ़ा करो।

हमने अंग्रेज़ी नॉवेल पढ़ना शुरू किए। डिकेंस, हॉर्डी और न जाने क्या-क्या पढ़ डाला। वह भी आधा समझ में आता था और आधा पल्ले न पड़ता था। इस मुताला[2] की वजह से हमारी अंग्रेज़ी बेहतर हो गई। दसवीं जमात में पहुँचने तक महसूस हुआ कि बाज़ उस्ताद पढ़ाने में कुछ ग़लतियाँ कर जाते हैं। हम उनकी अंग्रेज़ी दुरुस्त करने लगे। इस पर हमारी पिटाई तो न हुई, अलबत्ता वो उस्ताद कभी ख़फ़ा हो जाते और कहते तुम्हें हमसे अच्छी अंग्रेज़ी आती है तो फिर तुम्हीं पढ़ाया करो, हमसे क्यों पढ़ते हो!

उस ज़माने में कभी-कभी मुझ पर एक ख़ास कैफ़ियत तारी हो जाती थी। जैसे यकाएक आसमान का रंग बदल गया है। बाज़ चीज़ें कहीं दूर चली गई हैं। धूप का रंग अचानक हिनाई[3] हो गया है। पहले

1. मतभेद, 2. अध्ययन, 3. मेहँदी की भाँति।

जो देखने में आया था, उसकी सूरत बिलकुल मुख़्तलिफ़ हो गई है। दुनिया एक तरह की पर्द:-ए-तसवीर के क़िसम की चीज़ महसूस होने लगी थी। उस कैफ़ियत का बाद में भी कभी-कभी एहसास हुआ है मगर अब नहीं होता।

मुशायरे भी हुआ करते थे। हमारे घर से मिली हुई एक हवेली थी जहाँ सर्दियों के ज़माने में मुशायरे किए जाते थे। सियालकोट में पंडित राजनारायन 'अरमान' हुआ करते थे जो उन मुशायरों के इन्तज़ामात करते थे। एक बुज़ुर्ग मुंशी सिराजदीन मरहूम थे। अल्लामा इक़बाल के दोस्त, श्रीनगर में महाराजा कश्मीर के मीर-मुंशी।[1] वो सदारत[2] किया करते थे। जब दसवीं जमात में पहुँचे तो हमने भी तुकबन्दी शुरू कर दी और एक-दो मुशायरों में शे'र पढ़ दिए। मुंशी सिराजदीन ने हमसे कहा, मियाँ ठीक है। तुम बहुत तलाश[3] से शे'र कहते हो, मगर यह काम छोड़ दो। अभी तो तुम पढ़ो-लिखो और जब तुम्हारे दिलो-दिमाग़ में पुख़्तगी आ जाए, तब यह काम करना। इस वक़्त यह तज़ीअ-ए-अवक़ात[4] है। हमने शे'र कहना तर्क कर दिया।

जब हम मर्रे (Murray) कॉलेज सियालकोट में दाख़िल हुए और वहाँ पर प्रोफ़ेसर यूसुफ़ सलीम चिश्ती उर्दू पढ़ाने आए जो इक़बाल के मुफ़स्सिर[5] भी हैं तो उन्होंने मुशायरे की तर्ह[6] डाली और कहा तर्ह पर शे'र कहो। हमने कुछ शे'र कहे और हमें बहुत दाद मिली। चिश्ती साहब ने मुंशी सिराजदीन के बिलकुल ख़िलाफ़ मशवरा दिया और कहा, फ़ौरन इस तरफ़ तवज्जो करो। शायद तुम किसी दिन शाइर हो जाओ।

गवर्नमेंट कॉलेज, लाहौर चले गए जहाँ बहुत ही फ़ाज़िल और मुश्फ़िक़[7] असातिज़ा से नियाज़मन्दी[8] हुई। पतरस बुख़ारी थे, इस्लामिया कॉलेज में डॉक्टर तासीर थे, बाद में सूफ़ी तबस्सुम साहब आ गए। उनके अलावा शहर के जो बड़े अदीब थे, इम्तियाज़ अली ताज थे,

---

1. अमुख मुंशी, 2. अध्यक्षता, 3. जुस्तजू, 4. समय की बरबादी, 5. भाष्यकार, 6. ग़ज़ल लिखने के लिए एक पंक्ति, 7. दयावान, 8. परिचित, मैत्री।

चिराग़ हसन हसरत, हफ़ीज़ जालन्धरी साहब थे, अख़्तर शीरानी थे। उन सबसे ज़ाती[1] मरासिम[2] हो गए। उन दोनों असातिज़ा और तुल्बा[3] का रिश्ता अदब के साथ-साथ कुछ दोस्ती का-सा भी होता था। कॉलेज की क्लासों में तो शायद हमने कुछ ज़्यादा नहीं पढ़ा, लेकिन उन बुज़ुर्गों की सोहबत और मुहब्बत से बहुत कुछ सीखा। उनकी महफ़िलों में हम पर शफ़क़त[4] होती थी और हम वहाँ से बहुत कुछ हासिल करके उठते थे।

हमने अपने दोस्तों से भी बहुत कुछ सीखा। जब शे'र कहते तो सबसे पहले ख़ास दोस्तों ही को सुनाते थे। उनसे दाद मिलती तो मुशायरों में पढ़ते। अगर कोई शे'र ख़ुद को पसन्द न आया या दोस्तों ने कहा, निकाल दो तो उसे काट देते। एम.ए. में पहुँचने तक बाक़ायदा लिखना शुरू कर दिया था।

हमारे एक दोस्त हैं ख़्वाजा ख़ुर्शीद अनवर, उनकी वजह से हमें मौसीक़ी[5] में दिलचस्पी पैदा हुई। ख़ुर्शीद अनवर पहले तो दहशतपसन्द[6] थे, भगत सिंह ग्रुप में शामिल। उन्हें सज़ा भी हुई, जो बाद में माफ़ कर दी गई। दहशतपसन्दी तर्क करके वह मौसीक़ी की तरफ़ माइल[7] हुए। हम दिन में कॉलेज जाते और शाम को ख़ुर्शीद अनवर के वालिद ख़्वाजा फ़ीरोज़-उद्दीन मरहूम की बैठक में बड़े-बड़े उस्तादों का गाना सुनते। यहाँ उस ज़माने के सब ही उस्ताद आया करते थे। उस्ताद तवक्कुल हुसैन ख़ाँ, उस्ताद अब्दुल वहीद ख़ाँ, उस्ताद आशिक़ अली ख़ाँ और छोटे ग़ुलाम अली ख़ाँ वग़ैरह। उन उस्तादों के हमअस्र[8] और हमारे दोस्त रफ़ीक़ ग़ज़नवी मरहूम से भी सोहबत होती थी। रफ़ीक़ लॉ कॉलेज में पढ़ते थे। पढ़ते तो ख़ाक थे, बस रस्मी तौर पर कॉलेज में दाख़िला ले रखा था। कभी ख़ुर्शीद अनवर के कमरे में और कभी रफ़ीक़ के कमरे में बैठक हो जाती थी। ग़रज़[9] इस तरह हमें उस फ़न्ने-लतीफ़[10] से हज़अन्दोज़[11] होने का काफ़ी मौक़ा मिला।

---

1. व्यक्तिगत, 2. मेलजोल, 3. विद्यार्थियों, 4. दया दृष्टि, 5. संगीत, 6. उग्रवादी, 7. आकर्षित, 8. समकालीन, 9. मतलब यह कि, 10. ललित कला, 11. आनन्दित।

जब हमारे वालिद फ़ौत[1] हुए तो पता चला कि घर में खाने तक को कुछ नहीं है। कई साल तक दरबदर फिरे और फ़ाक़ामस्ती की। उसमें भी लुत्फ़ आया, इसलिए उसकी वजह से तमाशा-ए-अहले-करम देखने का मौक़ा मिला। ख़ास तौर पर अपने दोस्तों से कॉलेज में एक छोटा-सा हल्क़ा[2] बन गया था। कोएटा के हमारे दो दोस्त थे। एहतेशाम-उद्दीन और शेख़ अहमद हुसैन। डॉ. हमीद-उद्दीन भी उस हल्क़े में शामिल थे। उनके साथ शाम को महफ़िल रहा करती। जवानी के दिनों में जो दूसरे वाक़ेआत होते हैं वह भी हुए और हर किसी के साथ होते हैं।

गर्मियों में ता'तीलात[3] होतीं तो हम कभी ख़ुर्शीद अनवर के और भाई तुफ़ैल के साथ श्रीनगर चले जाया करते और कभी अपनी हमशीर:[4] के पास लाइलपुर पहुँच जाते। लाइमपुर में बारी अलीग और उनके गिरोह के दूसरे लोगों से मुलाक़ात रहती। कभी अपनी सबसे बड़ी हमशीर: के यहाँ धरमशाला चले जाते, जहाँ मंज़रे-क़ुदरत[5] देखने का मौक़ा मिलता और दिल पर एक ख़ास क़िस्म का नक़्श[6] होता। हमें इनसानों से जितना लगाव रहा उतना क़ुदरत के मनाज़िर[7] और मुताल:-ए-हुस्ने-फ़ितरत[8] से नहीं रहा। फिर भी उन दिनों मैंने महसूस किया कि शहर के जो गली-मुहल्ले हैं उनमें भी अपना एक हुस्न है जो दरिया व सहरा[9] कोहसार[10] या सरो-समन[11] से कम नहीं। अलबत्ता उसको देखने के लिए बिलकुल दूसरी तरह की नज़र चाहिए।

मुझे याद है कि हम मुस्ती दरवाज़े के अन्दर रहते थे। हमारा घर बालाई[12] सतह पर था। नीचे बदररौ बहती थी। छोटा-सा एक चमन था। चारों तरफ़ बाग़ात थे। एक रात चाँद निकला हुआ था। चाँदनी बदरौ[13] और इर्द-गिर्द के कूड़े-कर्कट के ढेर पर पड़ रही थी। चाँदनी और साए ये सब मिलकर कुछ अजब पुरअसरार[14] मंज़र बन गए थे। चाँद की इनायत से मंज़र की बदवज़इ[15] छुप गई थी और कुछ अजब ही क़िस्म का हुस्न

1. स्वर्गवासी, 2. ग्रुप, 3. छुट्टियाँ, 4. बहन, 5. प्रकृति के दृश्य, 6. चिह्न, 7. दृश्य का बहुवचन, 8. नैसर्गिक सौन्दर्य, 9. रेगिस्तान, 10. पहाड़ी स्थान, 11. सर्व नामक सुन्दर पेड़ और चमेली, 12. ऊपरी, 13. नाली, 14. रहस्यमय, 15. अशिष्टता, विरूपता।

पैदा हो गया था, जिसे मैंने लिखने की कोशिश भी की है। एकाध नज़्म में मंज़रकशी की है। जब शहर की गलियों-मुहल्लों और कटड़ियों में कभी दोपहर के वक़्त, कभी शाम के वक़्त कुछ इस क़िस्म का रूप आ जाता है, जैसे मालूम हो कोई परिस्तान है—"नीम-शब,[1] चाँद, ख़ुदफ़रोशी बामो-दरख़ामुशी[2] के बोझ से चूर" वग़ैरह उसी ज़माने से मुतअलिक़ हैं।

एम.ए. में पहुँचे तो कभी क्लास में जाने की ज़रूरत हुई, कभी बिलकुल जी न चाहा। दूसरी किताबें, जो निसाब[3] में नहीं थीं, पढ़ते रहे। इसलिए इम्तिहान में कोई ख़ास एजाज़[4] हासिल नहीं किया, लेकिन मुझे मालूम था कि जो लोग अव्वल-दोयम[5] आते हैं, हम उनसे ज़्यादा जानते हैं। ख़्वाह[6] हमारे नम्बर उनसे कम ही क्यों न हों। यह बात हमारे असातिज़ा भी जानते थे। जब किसी उस्ताद का, जैसे प्रोफ़ेसर हरीशचन्द्र थे, लेक्चर देने को जी न चाहता तो हमसे कहते, हमारी बजाय, तुम लेक्चर दो, एक ही बात है। अलबत्ता प्रोफ़ेसर बुख़ारी बड़े क़ायदे के प्रोफ़ेसर थे। वो ऐसा नहीं करते थे।

प्रोफ़ेसर डिकन्सन के ज़िम्मे उन्नीसवीं सदी का नस्री-अदब[7] था, मगर उन्हें इस मौज़ू[8] से कोई दिलचस्पी नहीं थी। इसलिए हमसे कहा, दो-तीन लेक्चर तैयार कर लो। दूसरे जो दो-तीन लायक़ लड़के हमारे साथ थे, उनसे भी कहा कि दो-तीन लेक्चर तुम लोग भी तैयार कर लो। किताबों वग़ैरह के बारे में कुछ पूछना हो, आ के हमसे पूछ लेना। चुनाँचे नीम-उस्ताद[9] हम उसी ज़माने में हो गए थे।

इब्तिदाई शाइरी के दौरान में या कॉलेज के ज़माने में हमें कोई ख़याल ही न गुज़रा कि हम शाइर बनेंगे। सियासत वग़ैरह तो उस वक़्त ज़ेहन में बिलकुल न थी। अगरचे उस वक़्त की तहरीकों, मसलन कांग्रेस तहरीक, ख़िलाफ़त तरीक या भगत सिंह की दहशतपसन्द तहरीक के असरात तो ज़ेहन में थे; मगर हम ख़ुद उनमें से किसी क़िस्से में शरीक नहीं थे।

---

1. आधी रात, 2. छत और दरवाज़ों की ख़ामोशी, 3. पाठ्यक्रम, 4. सम्मान, 5. प्रथम-द्वितीय, 6. चाहे, 7. गद्य साहित्य, 8. विषय, 9. आधे अध्यापक।

शुरू में ख़याल हुआ कि हम कोई बड़े क्रिकेटर बन जाएँ क्योंकि लकड़पन से क्रिकेट का शौक़ था, वह बहुत खेल चुके थे। फिर जी चाहा उस्ताद बनना चाहिए। रिसर्च करने का शौक़ था। उनमें से कोई बात भी न बनी। हम क्रिकेटर बने न नक़्क़ाद[1] और न रिसर्च किया। अलबत्ता उस्ताद होकर अमृतसर चले गए।

हमारी ज़िन्दगी का शायद सबसे ख़ुशगवार ज़माना अमृतसर ही का था और कई एतबार से। एक तो इस वजह से कि जब हमें पहली दफ़ा पढ़ाने का मौक़ा मिला तो बहुत लुत्फ़ आया, अपने तुल्बा से दोस्ती का लुत्फ़। उनसे कुछ सीखने और उन्हें पढ़ाने का लुत्फ़। उन लोगों से दोस्ती अब तक क़ायम है। दूसरे यह कि उस ज़माने में कुछ संजीदगी से शे'र लिखना शुरू किया। तीसरे यह कि अमृतसर ही में पहली बार सियासत में थोड़ी-बहुत बसीरत[2] अपने कुछ रफ़क़ा[3] की वजह से पैदा हुई; जिनमें महमूदुल ज़फ़र थे, डॉक्टर रशीद जहाँ थीं। बाद में डॉक्टर तासीर आ गए थे। यह एक नई दुनिया साबित हुई। मज़दूरों में काम शुरू किया। सिविल लिबरटीज़ की एक अंजुमन बनी तो उसमें काम किया। तरक़्क़ीपसन्द तहरीक शुरू हुई तो उसकी तंज़ीम[4] में काम किया। इन सबसे ज़ेहनी तस्कीन का एक बिलकुल नया मैदान[5] हाथ आया।

तरक़्क़ीपसन्द अदब के बारे में बहसें शुरू हुईं और उनमें हिस्सा लिया। 'अदबे-लतीफ़'[6] की इदारत[7] की पेशकश हुई तो दो-तीन बरस उसका काम किया। उस ज़माने में लिखने वालों के दो बड़े गिरोह थे। एक 'अदब-बराए-अदब'[8] वाले दूसरी तरक़्क़ीपसन्द थे। कई बरस तक उन दोनों के दरमियान बहसें चलती रहीं, जिसकी वजह से काफ़ी मसरूफ़ियत रही जो बजाए-ख़ुद[9] एक बहुत ही दिलचस्प और तस्कीनदेह तजुर्बा था। बर्रे-सग़ीर[10] में रेडियो शुरू हुआ। रेडियो में हमारे दोस्त थे। एक

---

1. आलोचक, 2. प्रतिभा, 3. दोस्तों, 4. संगठन, 5. क्षेत्र, 6. ललित कला (एक पत्रिका का नाम), 7. सम्पादन, 8. साहित्य साहित्य के लिए (जैसे : कला कला के लिए), 9. अपने आप में, 10. उपमहाद्वीप।

सैयद रशीद अहमद थे जो रेडियो पाकिस्तान के डाइरेक्टर जनरल हुए। दूसरे सोमनाथ चप थे, जो आजकल हिन्दोस्तान में शोब:-ए-सय्याहत[1] के सरबराह हैं। दोनों बारी-बारी से लाहौर के स्टेशन डाइरेक्टर मुक़र्रर हुए। हम और हमारे शहर के दो-चार और अदीब डॉक्टर तासीर, हसरत, सूफ़ी साहब और हरीचन्द अख़्तर वग़ैरह रेडियो स्टेशन आने-जाने लगे। इस ज़माने में रेडियो का प्रोग्राम डाइरेक्टर ऑफ़ प्रोग्राम्ज़ नहीं बनाता था। हम लोग मिलकर बनाया करते थे। नई-नई बातें सोचते थे। उन दिनों हमने ड्रामे लिखे। दो-चार कहानियाँ भी लिखीं। यह सब एक मुस्तक़िल मशग़ला था। रशीद जब दिल्ली चले गए तो हम देहली जाने लगे। वहाँ नए-नए लोगों से मुलाक़ातें हुईं। देहली और लखनऊ के लिखनेवाले गिरोहों से शनासाई[2] हुई। मजाज़, सरदार जाफ़री, जाँनिसार अख़्तर, जज़्बी और मख़्दूम मरहूम से रेडियो के तवस्सुत[3] से राब्ता पैदा हुआ जिससे दोस्ती के अलावा बसीरत और सूझबूझ में तरह-तरह के इज़ाफ़े हुए। वह सारा ज़माना मसरूफ़ियत का भी था और एक तरह से बेफ़िक्री का भी।

(अपूर्ण)

---

1. पर्यटन विभाग, 2. जान-पहचान, 3. माध्यम।

फ़ैज़ से मेरी पहली मुलाक़ात

—सूफ़ी ग़ुलाम मुस्तफ़ा तबस्सुम

सन् 1929 ई. था और अक्तूबर का महीना। मुझे सेंट्रल ट्रेनिंग कॉलेज से गवर्नमेंट कॉलेज में आए हुए कोई तीन हफ़्ते गुज़रे थे। साबिका[1] दर्सगाह[2] की ख़ुश्क तदसीरी[3] फ़ज़ा और ज़ब्तो-नज़्म[4] से तबीअत घुटी-घुटी सी थी। नए कॉलेज में आते ही तबीअत में इंबिसात[5] की लहर दौड़ गई। अदब व शे'र का शौक़ फिर से उभरा। चुनाँचे 'बज़्मे-सुख़न' की वसातत[6] से एक बड़े मुशायरे की सदारत प्रोफ़ेसर पतरस बुख़ारी के सुपुर्द हुई। शाम होते ही कॉलेज का हॉल तुल्बा[7] से भर गया। स्टेज के एक तरफ़ नियाज़मन्दाने-लाहौर अपनी पूरी शान से बिराजमान थे। मुक़ाबिल[8] में लाहौर की तमाम अदबी अंजुमनों के नुमाइन्दे सफ़-आरा[9] थे। दोनों जानिब से ख़ुशज़ौक़ी[10] और हरीफ़ाना[11] शगुफ़्तगी[12] एक-दूसरे का ख़ैर मक़दम कर रही थी।

रिवायती दस्तूर के मुताबिक़ सद्र ने अपने कॉलेज के तुल्बा से शे'र पढ़ाने का ऐलान किया। दो-एक बरख़ुरदार आए और बड़े अदब व इंकिसार[13] से कलाम पढ़कर चले गए। अचानक एक दुबला-पतला मख़्नी[14] सा लड़का स्टेज पर नमूदार हुआ। स्याह रंग, सादा लिबास, अन्दाज़ में मनानत[15] बल्कि ख़ुशूनत[16], चेहरे पर अजनबी होने का

---

1. भूतपूर्व, 2. पाठशाला, 3. शिक्षण, 4. प्रबन्ध और व्यवस्था, 5. हर्ष, 6. वसीला, माध्यम, 7. विद्यार्थियों, 8. सामने, 9. पंक्तिबद्ध, 10. सहृदयता, 11. प्रतिद्वन्द्वियों जैसी, 12. आनन्दमयता, 13. विनम्रता, 14. लम्बा, 15. गम्भीरता, 16. अक्खड़पन।

शदीद एहसास। इधर-उधर कुछ चेमेगोइयाँ होने लगीं। इतने में उसने कहा : अर्ज़ किया है, कलाम में इब्तिदा-ए-मश्क़[1] के बावजूद पुख़्तगी और उस्लूब[2] में बरजस्तगी[3] थी। सबने दाद दी। यह हफ़ीज़ होशियारपुरी थे।

फिर एक नौजवान आए। गोरे-चिट्टे, कुशादाजबी[4], हरकात में शीरीं रवानी, आँखें और लब बयकवक़्त एक नीम-तबस्सुम[5] में डूबे हुए। शे'र बड़े ढंग और तम्कनत[6] से पढ़े। इशारे हुए। पतरस ने कुछ मा'नीखेज़ नज़रों में लाहौर के नियाज़मन्दों से बातें कीं और उनकी नीम ख़ामोशी को रज़ा[7] समझ कर दोनों नौजवानों को दोबारा स्टेज पर बुलाया। नया कलाम सुना। फ़ैज़ साहब ने ग़ज़ल के अलावा एक नज़्म भी सुनाई। ग़ज़ल और नज़्म दोनों में सोच का अन्दाज़ और बयान का अछूता उस्लूब था।

मुशायरा ख़त्म हुआ। क़रार पाया कि अहबाब[8] दोनों को हमराह लेकर ग़रीबख़ाने पर जमा हों। रात काफ़ी गुज़र चुकी थी। उन्हें बोर्डिंग में पहुँचना था। बुख़ारी साहब ने उनकी ग़ैरहाज़िरी का ज़िम्मा लिया और फिर घंटा भर के लिए शे'रों-सुख़न की सोहबत क़ायम रही। यह उनकी तबाआज़माई[9] का इम्तिहान नहीं, असातिज़ा की हौसलाअफ़ज़ाई का इम्तिहान था। दोनों कामयाब रहे।

अभी पूरा महीना नहीं गुज़रा कि कॉलेज के इम्तिहानात का आग़ाज़ हुआ। जिस दिन की मैं बात कर रहा हूँ उस दिन पतरस कॉलेज-हॉल में मुहूतमिम-इम्तिहान[10] थे और हम जैसे नौतजुर्बों को छोटे कमरे सुपुर्द किए गए थे। मुझे कॉलेज की दूसरी मंज़िल में मुतय्यन[11] किया गया। यहाँ एम.ए. इंग्लिश के तुल्बा थे और उनमें फ़ैज़ अहमद फ़ैज़ भी थे।

---

1. अभ्यास की शुरुआत, 2. शैली, 3. हाज़िरजवाबी, 4. चौड़ा माथा, 5. हल्की मुस्कराहट, 6. गर्व, 7. स्वीकृति, 8. मित्र लोग, 9. कविता की आज़माइश, 10. परीक्षा-संचालक, 11. मुक़र्रर, नियुक्त।

इम्तिहान का कमरा मुक़ामे-एहराम[1] होता है। उम्मीदवारियों के ज़हनी इम्तिहान के साथ-साथ ज़ब्तो-नज़्म का इम्तिहान भी होता है। सिगरेटनोशी ममनूअ[2] थी। मैंने अपनी आदत को दबाने के लिए पान का इन्तज़ाम कर लिया था। मगर फ़ैज़ साहब कभी सवालात के पर्चे पर नज़र डालते और कभी मेरी तरफ़ नीम-मुतबस्सुम[3] नज़रों से देखते और फिर क़लम को उठाकर सर को खुजाते और कभी ख़ामोशी से अपने पड़ोसियों की मिज़ाजपुर्सी करते। कभी-कभी उनका बायाँ हाथ ऐसे हरकत करता जैसे वह किसी नामालूम शै को टटोल रहे हैं। मैं सोच रहा था, वो उठे और कहा, हमें यहाँ सिगरेट पीने की इज़ाज़त है। मैंने कहा, मैं अभी बताता हूँ। इतने में पतरस मुख़्तलिफ़ कमरों का मुआयना करते-करते मेरे कमरे के बाहर आकर खड़े हो गए। मैं ताज़ीमतन[4] प्लेटफ़ॉर्म से उतरकर दरवाज़े पर पहुँचा, पूछा : सब कुछ ठीक है।

मैंने कहा, जी!

मैंने अर्ज़ किया : प्रोफ़ेसर साहब (मैं उन्हें प्रोफ़ेसर साहब कहा करता था) बाज़ तुल्बा सिगरेट पीना चाहते हैं। इजाज़त है।

पतरस ने मेरे कान में दबी आवाज़ में कहा—

"जब तक प्रोफ़ेसर जोधसिंह इस कॉलेज के प्रिंसिपल नहीं बनते, उस वक़्त तक पी सकते हैं।" और फिर मुस्कराकर चले गए।

मैने अन्दर आते ही फ़ैज़ साहब की ओर देखा और इशारों से सिगरेटनोशी का ऐलान किया। फ़ैज़ साहब के हाथ में फ़िलफ़ौर[5] एक सिगरेट नमूदार हुआ, जैसे क़लम ही से उभर आया हो।

फिर क़लम के रश[6] और सिगरेट के कश में मुक़ाबला शुरू हुआ। उस कशमकश में मुअत्तर[7] धुएँ के ग़ुबारे पूरे कमरे में फैल गए। मैं मु'अल्लिम था, ज़ब्तो-नज़्म की ज़ंजीरों में जकड़ा हुआ बैठा रहा और

1. पवित्र स्थान, 2. निषिद्ध, 3. हल्की मुस्कान-भरी, 4. सम्मान में, 5. तुरत, 6. अंग्रेज़ी का Rush, वेग, तीव्रता, 7. गन्धयुक्त।

क़िवामदार पान को छोड़कर उस ख़ुशबू से अपने ज़ौक़े-सिगरेटनोशी की तस्कीन में मह्व हो गया।

क्या मालूम था कि धुएँ के ये ग़ुबारे कॉलेज की चारदीवारी से दूर-दूर तक फ़ज़ा में फैल जाएगे और उनमें सिगरेट पीने वाले के मुअत्तर अन्फ़ास[1] की ख़ुशबूएँ भी लहराएँगी और हुनरो-फ़न और अदब की दुनिया को अपने आगोश में ले लेंगी।

---

1. गन्धयुक्त साँसें।

मलामती सूफ़ी*

—अश्फ़ाक़ अहमद

मेरा और फ़ैज़ साहब का नज़रियाती इख़्तिलाफ़ है। मैं एक शरई[1] आदमी हूँ और फ़ैज़ साहब मलामती सूफ़ी हैं। तारीख़ में ढूँढ़ने से आपको कई ऐसी मिसालें मिल जाएँगी जहाँ एक शरई और सूफ़ी की दोस्ती हो गई और दोनों ने एक-दूसरे के हाथ में हाथ डालकर आख़िरी मंज़िलें तय कीं। लेकिन एक शरई आदमी की किसी मलामती से दोस्ती नहीं हुई। फ़ैज़ साहब ने सूफ़ीइज़्म का इक्तिसाब[2] किसी सिलसिले में बै'त[3] करके नहीं किया। ना ही मेरे अन्दाज़ा और तहक़ीक़[4] के मुताबिक़ उन्होंने विर्दो-वज़ीफ़ा[5] या चिल्लाकशी[6] की है। उन्होंने सूफ़िया का एक तीसरा रास्ता इख़्तियार किया है जो मुजाहिले[7] पर मुहीत[8] है, इसी को बुज़ुर्गाने-दीन[9] अदब और तवाज़ो[10] का नाम देते हैं।

हज़रत हाजी साहब मुहाजिरे-मक्की[11] फ़रमाते हैं कि एक दम में विलायत[12] हासिल करने के लिए अदब और ख़िदमत को इख़्तियार करना चाहिए। बुज़ुर्गाने-दीन इसकी तफ़सील बयान करते हुए कहते हैं कि तरीक़े-तसव्वुफ़ के तालिब[13] को चाहिए कि अदबे-ज़ाहिरी[14] और बातिनी[15] को निगाह में रखे। अदबे-ज़ाहिरी यह है कि

---

* निन्दित सूफ़ी।

1. धार्मिक विधि-विधान को मानने वाला, 2. उपार्जन, 3. सूफ़ी-सिलसिले में दीक्षा लेना, 4. अनुसन्धान, 5. क़ुरआन की आयतों का लगातार जाप, 6. चालीस दिनों की साधना, 7. प्रयत्नशीलता, 8. आच्छादित, 9. धर्मज्ञ लोग, 10. नम्रता, 11. मक्का के प्रवासी, 12. ऋषि का पद, 13. इच्छुक, 14. ऐसी शिष्टता जो बाह्य हो, 15. आन्तरिक।

मख़्लूक़े-ख़ुदा[1] के साथ बहुस्ने-अदब[2] व कमाले-तवाज़ो[3] और एख़्लाक़ के साथ पेश आवे और अदबे-बातिनी यह है कि तमाम अवक़ातो-अहवाल[4] मुक़ामात में बाहक़[5] रहे। हुस्ने-अदब ज़ाहिर सरनामा[6] अदबे-बातिन का है और हुस्ने-अदब तर्जुमाने-अक़्ल[7] है और अक़्ल चिराग़े-राह के सदाक़त[8] के तेल से मुनव्वर है।

यह अदब, यह सब्र, ऐसा धीमापन, इस क़दर दरगुज़र[9] कमसुख़नी[10] और एहतिजाज[11] से गुरेज़[12]। यह सूफ़ियों के काम हैं। इन सबको फ़ैज़ साहब ने अपने दामन में समेट रक्खा है। ऊपर से मलामती रंग यह इख़्तियार किया है कि इश्तिराकियत[13] का घंटा बजाते फिरते हैं कि कोई क़रीब न आए और महबूब का राज़ न खुल जाए। वाह बाबा टल वाह! क्या कहने! चोरी कर, तै भन घर रब दा अस ठगाँ दे ठग नूँ ठग।

मेरा तअल्लुक़ चूँकि ऊँचे ख़ानवादे[14] से है और मैं मुसलमान बादशाहों का परस्तार[15] हूँ और मुलूकियत[16] को ही इस्लाम समझता हूँ, इसलिए मेरी और बाबा टल की नहीं बन सकती। लेकिन कभी अकेले बैठे-बैठे, ख़ामोश और चुपचाप, मैं सोचा करता हूँ कि अगर फ़ैज़ साहब हुज़ूर सरवरे-कायनात (स.अ.) के ज़माने में होते तो उनके चहेते ग़ुलामों में से होते। जब भी किसी बदज़ुबान, तुन्दख़ू[17], बदअन्देश[18] यहूदी दूकानदार की दराज़दस्ती[19] की ख़बर पहुँचाती तो हुज़ूर (स.अ.) कभी-कभी ज़रूर फ़रमाते : आज फ़ैज़ को भेजो, यह भी धीमा है, साबिर[20] है, बुर्दबार[21] है, एहतिजाज नहीं करता, पत्थर भी खा लेता है। हमारे मस्लक[22] पर अमल करता है?

---

1. ख़ुदा के द्वारा सृजित प्राणी, 2. शिष्टता के सौन्दर्य से, 3. नम्रता का कमाल, 4. समय और हालात, 5. सत्य पर, 6. शिष्ट व्यवहार, 7. बुद्धि का भाषान्तरकार, 8. सच्चाई, 9. अनदेखा, 10. अल्पभाषी, 11. वाद-विवाद, 12. बचाव, 13. साम्यवाद, 14. कुल, वंश, 15. उपासक, 16. बादशाहत, 17. गुस्सैल, 18. दुश्चिन्तक, 19. अत्याचार, 20. सब्र करने वाला, 21. शान्तचित्त, 22. पन्थ।

फ़ैज़ से मेरी रफ़ाक़त*

—शेर मुहम्मद हमीद

सन् 1929 ई. की बात है कि मैं गवर्नमेंट कॉलेज, लाहौर में तीसरे साल का तालिब-इल्म था। चौधरी नबी अहमद और आग़ा अब्दुल हमीद मेरे दोस्त थे। हम सब न्यू हॉस्टल में रहते थे। हर शाम हम सैर को निकलते तो एक नौजवान को देखते जो बाहर जँगले के पास तन्हा खड़ा गिर्दो-पेश से बेख़बर कॉलेज टावर की सिम्त नज़रें जमाए, दूर कहीं उफ़ुक़ की बुलन्दियों को देख रहा होता। उसका सरापा[1] दिलकश और महवियत[2] जाज़िबे-तवज्जों[3]। तीन-चार दिनों के बाद नबी अहमद के ज़ौक़े-जुस्तजू[4] ने हमें उस नौजवान से हमकलाम[5] होने पर आमादा कर लिया। क़रीब जाकर नबी अहमद ने पूछा, "मुआफ़ कीजिएगा, आप कौन हैं और यूँ गुमसुम तन्हा खड़े क्या देखा करते हैं?" नौजवान महवियत के आलम से चौंका और कहने लगा, "मेरा नाम फ़ैज़ है। मैंने मरे (Murray) कॉलेज, सियालकोट से एफ़.ए. पास करके यहाँ थर्ड ईयर में दाख़िला लिया है। यहाँ मेरा कोई वाक़िफ़-आशना[6] नहीं है।" नबी अहमद ने मआनन[7] कहा, "आइए, आज से आप हमारे दोस्त हैं। ये शेर मुहम्मद हैं, ये आग़ा हमीद हैं, ये भी आपके हमजमात[8] हैं।" वह दिन और आज का दिन, एक कम पचास बरस बीत चुके हैं, ज़िन्दगी

---

* दोस्ती।

1. सर से पाँव तक, पूरा शरीर, 2. तल्लीनता, 3. चित्ताकर्षक, 4. जुस्तजू का आनन्द, 5. परस्पर वार्तालाप, 6. परिचित व्यक्ति, 7. उसी वक़्त, 8. सहपाठी।

हज़ारों नशेबो-फ़राज़[1] से गुज़री, फ़ैज़ की दोस्ती का वह बन्धन बदस्तूर बरक़रार है और यह दोस्ती हमारे लिए फ़ख़्रो-मसर्रत का बाइस[2] रही है।

फ़ैज़ के वालिद ख़ान बहादुर सुलतान मुहम्मद ख़ाँ सियालकोट के सर्करद:[3] वकील, मुअज़्ज़ित व मुख़य्यिर[4] शहरी, डिस्ट्रिक्ट बोर्ड के चेयरमैन थे। वजाहत[5] व शराफ़त का पैकर थे। घर में हर तरह की आसूदगी[6] थी। फ़ैज़ ने नाज़ो-नेमत[7] में आँख खोली थी। लाड़-प्यार में परवरिश और घरेलू रख-रखाव और नाज़बर्दारियों[8] में तालीम व तरबियत हासिल की। लाहौर आए तो माहौल मुख़्तलिफ़ पाया। कुछ घुटे-घुटे रहते। हमें काफ़ी जद्दोजहद करना पड़ा कि फ़ैज़ अपने खोल से बाहर निकलें। छह-सात माह के बाद हम कामियाब हुए और फ़ैज़ हल्क:-ए-अहबाब[9] में चहचहाने लगे।

वह ज़माना गवर्नमेंट कॉलेज का सुनहरा दौर था। बड़े-बड़े नामवर असातिज़ा मुख़्तलिफ़ शो'बों के सरबराह थे। प्रोफ़ेसर लैंग हार्न अंग्रेज़ी के सद्रे-शो'बा थे। थर्ड इयर के इम्तिहान में उन्होंने हमारे अंग्रेज़ी के पर्चे देखे। पर्चे वापस मिले तो फ़ैज़ के पर्चे पर एक सौ पैंसठ नम्बर दर्ज थे। किसी तालिब-इल्म ने प्रोफ़ेसर साहब से पूछा, "उनको डेढ़ सौ में से एक सौ पैंसठ नम्बर कैसे मिल गए?" Because I could not give more. फ़ैज़ की अंग्रेज़ीदानी के मुतअल्लिक़ एक नामवर अंग्रेज़ उस्ताद के ये अल्फ़ाज़ सनद रहेंगे।

उन्हीं दिनों पतरस बुख़ारी कैम्ब्रिज से फ़ारिगुल-तहसील[10] होकर गवर्नमेंट कॉलेज आए। कॉलेज की इल्मी व अदबी दुनिया में एक तहलका मच गया। बुख़ारी अपनी ज़ात में एक अंजुमन थे। उनकी दिल-फ़रेब शख़्सियत का परतौ[11] कॉलेज के हर शो'बे पर पड़ा। कॉलेज में 'बज़्मे-सुख़न' नाम की एक उर्दू अंजुमन मौजूद थी। उसके इज्लास[12], मुशायरों

---

1. पतन और उत्थान, 2. कारण, 3. अगुआ, प्रमुख, 4. मुक्त हस्त, 5. प्रतिष्ठा, 6. ख़ुशहाली, 7. ईश्वर प्रदत्त इच्छा-नुरुपता, और धनाढ्यता, 8. नाज़ उठाना, 9. मित्रमंडली, 10. प्राप्ति (शिक्षा-प्राप्ति) से मुक्त, 11. व्यक्तित्व का प्रभाव, 12. संगोष्ठियों।

और रस्मी तक़ारीब[1] तक महदूद थे। बुख़ारी साहब ने उसे नाकाफ़ी समझकर 'मजलिस' के नाम से एक नई अंजुमन का इजरा[2] किया। उर्दू इल्मो-अदब से शग़फ़[3] रखनेवाले तुलबा को चुन-चुनकर उसका रुक्न[4] बनाया। फ़ैज़, राशिद, आग़ा हमीद, नबी अहमद, हफ़ीज़ होशियारपुरी और यह ख़ाकसार उसके बानी-अराकीन[5] में से थे। तालिब इल्मों के अलावा बुख़ारी साहब के ईमा[6] और दावत पर लाहौर के बरगुज़ीदा[7] अदीब व दानिशवर, शरीके-मज़लिस होते। डॉक्टर तासीर, मौलाना सालिक, इम्तियाज़ अली 'ताज', सफ़ी तबस्सुम, चिराग हसरत बिल् इल्तिज़ाम[8] और हफ़ीज़ जालन्धरी कभी-कभार तशरीफ़ लाते। इजलास अक्सरो-बेशतर बुख़ारी के दौलत-कदे पर होते। एक तालिब इल्म मक़ाला पढ़ता, एक-दो नज़्म या ग़ज़ल पेश करते। फिर सवाल व जवाब, तंक़ीद व तब्सरे का दौर चलता। साहबे-मक़ाला[9] की हौसला अफ़जाई भी होती और नए-नए गोशों की तरफ़ रहनुमाई भी। मौज़ूअ के हर पहलू को खँगाला जाता। मश्रिक़ व मग्रिब के असालीबे-तनक़ीद[10] क़दीमो-जदीद[11] उसूलों[12] के मे'यार पर परखा जाता। ग़रज़[13] कोई ज़ाविया[14], कोई पहलू नज़रअन्दाज़ न किया जाता। उस दौरान ज़िमामे-बहस[15] अक्सर बुख़ारी के चाबुकदस्त[16] हाथों में रहती। घंटा-डेढ़ घंटे की यह नशिस्त महीनों की दीदा-रेज़ी[17] पर हावी होती। हम लोग इंशराहे-क़लब[18] की कैफ़ियत लिए वापस लौटते। यह बुख़ारी की करिश्मा-ज़ाई[19] थी कि मदफ़्न-इम्कानात[20] को उजागर करके फ़ैज़ और राशिद जैसे नामवर अकाबिर[21] 'मजलिस' ने पैदा किए।

फ़ैज़ में शाइरी का माद्दा फ़ितरी व वह्बी था। हम लोगों में भी फ़ैज़ की सोहबत और बुख़ारी, तासीर और तबस्सुम जैसे जैय्यद

---

1. समारोहों, 2. आरम्भ, 3. शौक़, 4. सदस्य, 5. संस्थापकों, 6. इशारे, 7. चुने हुए, 8. निश्चित रूप से, 9. आलेख-प्रस्तोता, 10. आलोचना-शैली, 11. प्राचीन और आधुनिक, 12. सिद्धान्तों, 13. मतलब यह कि, 14. कोण, बिन्दु, 15. बहस का अधिकार, 16. कुशल, 17. बारीक काम की दृष्टि, 18. हृदय की दिव्य दृष्टि, 19. करिश्मा कर दिखाना, 20. समाप्त हो गई सम्भावनाओं, 21. प्रतिष्ठित लोग।

असातिज़ा के इल्तिफ़ाते-नज़र[1] के बाइस शे'रो-अदब से कुछ लगन पैदा हो गई। अहबाब का हलक़ा: वसीअ[2] हो चुका था। हर शाम हॉस्टल के किसी कमरे में महफ़िले-मुशायरा बर्पा कर बैठते। तर्हे-मिसरा[3] पर हर कोई दो-चार शे'र लिखकर लाता। महफ़िल के एख़्तेताम[4] पर हर ग़ज़ल में से शे'र इन्तख़ाब करके एक ग़ज़ले-मुरक्कब[5] तैयार कर लेते जो कॉलेज के मुजल्ला[6] 'रावी'[7] में 'अहबाब' के नाम से छपती। ज़ाहिर है उस ग़ज़ले-मुरक्कब में हिस्स:-ए-वाफ़िर फ़ैज़ का होता। 'दि अहबाब' के उन्वान से एक तज़ज़िया[8] फ़ैज़ ने 'रावी' में लिखा था जो अब उनकी किताब "मता-ए-लौहो-क़लम[9]" में शामिल है।

फ़ैज़ की शाइरी परवान चढ़ती रही। बैनलकुल्लियाती[10] मुशायरों में फ़ैज़ अक्सर इनआमात समेटते रहे। अभी कॉलेज का ज़माना था कि फ़ैज़ सफ़े-शागिर्दां[11] से उठकर मजलिसे-असातिज़ा में शरीक हो गए और बुख़ारी और तबस्सुम के अहबाब में जगह पा ली।

हम फ़ोर्थ इयर में थे। दिसम्बर की छुट्टियों में फ़ैज़ की हमशीरा[12] की शादी थी। वह सियालकोट चले गए। उनके वालिद उस तक़रीब की तैयारी में मसरूफ़ थे। जिस सुबह बरात को आना था उसी रात हरकते-क़ल्ब[13] बन्द हो जाने से उनका इन्तक़ाल हो गया। उस क़यामत का अन्दाज़ा कीजिए जो उस नागहानी[14] मौत से उनके ख़ानदान पर गुज़र गई। फ़ैज़ ने एक फ़िक़रे का ख़त लिखा : "तुम्हारा फ़ैज़ यतीम हो गया।" उन हश्रसामानियों[15] को कौन समझे जो उस एक फ़िक़रे की तह में मौजूद हैं। उस सानेहा-ए-अज़ीम[16] ने गोया ज़िन्दगी की बिसात उलट दी। फ़ैज़ की ज़िन्दगी की काया पलट गई। उसके क़ल्बो-ज़ेहन में एक इन्क़लाब आ गया।

---

1. दयादृष्टि, 2. विस्तृत, 3. ग़ज़ल लिखने के लिए दी गई एक पंक्ति, 4. समाप्ति, 5. मिली-जुली ग़ज़ल, 6. माँजी हुई ग़ज़ल, 7. एक पत्रिका, 8. विश्लेषण, 9. लेखनपट्ट और क़लम की पूँजी, 10. अन्तर्राष्ट्रीय, 11. शागिर्दों की पंक्ति, 12. बहन, 13. हृदयगति, 14. आकस्मिक, 15. उथल-पुथल, 16. बहुत बड़ी दुर्घटना।

अचानक गिरफ़्तारी, ख़ौफ़ व दहशत की फ़िज़ा, क़ैदे-तन्हाई और फिर सेंट्रल जेल में मुक़दमे की समाअत[1], अजब गोमगो[2] का आलम था। फ़ैज़ के अज़्ज़ा[3] और अकरबा[4], दोस्त-अहबाब सब परेशान थे। फ़ैज़ के बड़े भाई हाजी तुफ़ैल अहमद, जो मेरे भी करमफ़रमा थे, हैदराबाद जेल में फ़ैज़ से मुलाक़ात को गए और वहीं हरकते-क़ल्ब रुक जाने से इन्तक़ाल कर गए। मैं ताज़ियत[5] और दिलजोई के लिए फ़ैज़ से मिलने हैदराबाद गया। जेल के अन्दर मुलाक़ात हुई। मेरा ख़याल था कि मुक़दमे की संगीनी, जेल की मुसीबत और अब शफ़ीक़[6] भाई की नागहानी मौत ने फ़ैज़ को सख़्त मुज़्महिल[7] और बदहाल कर रखा होगा। मैं यह देखकर मुतअज्जुब[8] रह गया कि फ़ैज़ की ज़ाहिरी शक्लो-सूरत में किसी ग़ैरमामूली तब्दीली के आसार नज़र न आए। इज़्महलाल[9] व परेशानी का कोई ख़ास निशान न था।

फ़ैज़ ठंडे मिजाज़ के बेहत सुलहपसन्द आदमी हैं। बात कितनी भी इश्तिआल-अंगेज़[10] हो, हालात कितने भी नासाज़गार हों, वो न बरहम होते हैं और न मायूस। सब कुछ तहम्मुल[11] और ख़ामोशी से बर्दाश्त कर लेते हैं। न किसी का गिला न चिड़चिड़ापन न बदगोई। मैंने फ़ैज़ को न कभी तैश में देखा और न कभी शिकवा-शिकायत करते सुना है। उनके दिल की गहराइयों में लाख हैजान[12] बरपा हों, चेहरे पर बरहमी की या परेशानी की कोई लकीर नज़र न आएगी। फ़ैज़ का ज़र्फ़ कितना वसीअ है! समुन्दर की तह में तूफ़ानों की रस्ताख़ेज़[13] है, सतह पर सुकून है। यह अज़्मत हर किसी को कहाँ नसीब!

हर मो'तदिल[14] आदमी की तरह फ़ैज़ पर भी इश्क़ो-मुहब्बत के हादसे गुज़रे हैं। कुछ आम नवैयत के रूमानी वाक़ेआत, जिनका देरपा[15] असर फ़ैज़ की ज़िन्दगी और शाइरी पर नहीं पड़ा। लेकिन दो-एक

---

1. सुनवाई, 2. ऊहापोह, 3. प्रियजन, करीबी लोग, 4. रिश्तेदार, 5. मातमपुर्सी, शोक प्रकट करने, 6. दयादृष्टि रखनेवाले, 7. क्लान्त, दु:खी, 8. आश्चर्यचकित, 9. तबाही, 10. उत्तेजित करनेवाली, 11. बर्दाश्त करके, 12. अशान्ति, 13. महाप्रलय, 14. सन्तुलित, 15. टिकाऊ, मजबूत।

वारदातें इस क़दर शदीद थीं कि फ़ैज़ के क़ल्बो-जिगर को गर्मा के रख गईं। 'नक़्श फ़रियादी' की नज़्में रक़ीब से, एक राहगुज़र पर एक ऐसे ही हादसे की यादगार हैं जिसका एख़्तेताम मर्गे-सोज़े-मुहब्बत पर हुआ। ऐसे हादसे हर किसी पर गुज़रते हैं, लेकिन फ़ैज़ जैसे हुस्नबीं[1] और हुस्नआफ़रीं[2] हस्सास[3] फ़नकार पर उनको जो गहरे असरात मुरत्तब हुए उनका सुराग़ जाबजा उनकी शे'री तख़लीक़ात में मिल जाता है।

यहाँ से उसकी सोच और फ़िक्र[4] के साथ-साथ उसकी शाइरी ने भी नया रुख़ इख़्तियार किया। ग़मे-जानाँ के साथ ग़मे-रोज़गार का जाँगुसिल[5] पैबन्द लग जाने से सोच के धारे नई सम्त[6] में बहने लगे।

फ़ैज़ ने अंग्रेज़ी और अरबी में एम.ए. कर लेने के बाद एम.ए.ओ. कॉलेज में अंग्रेज़ी के उस्ताद की हैसियत से काम शुरू किया। वहाँ डॉक्टर तासीर बतौर प्रिंसिपल और साहबज़ादे महमुदुल ज़फ़र बतौर वाइस प्रिंसिपल आ गए। साहबज़ादे की मा'रूफ़ रफ़ीक़:-ए-हयात[7] डॉक्टर रशीद जहाँ और उनके ज़ुमरे[8] के दूसरे लोगों से मेलजोल बढ़ा तो फ़िक्रो-नज़र[9] को और वुसअत[10] मिली। तरक़्क़ीसपन्द मुसन्निफ़ीन[11] की अंजुमन का इजरा उन्हीं दिनों हुआ। फ़ैज़ उसके बानी-ए-रुक्न[12] हैं। अब वो ग़मे-जानाँ और ग़मे-रोज़गार से गुज़र कर ग़मे-वतन और ग़मे-जहाँ की संगलाख़[13] राहों पर चल निकले। अपनी ज़ात का दुःख आलमगीर[14] दुःख के सामने हेय और उस अफ़ाक़ी[15] दुःख का एक मामूली हिस्सा नज़र आया। फ़ैज़ वतनदोस्ती और इनसानदोस्ती की जिस राह पर गामज़न[16] हुए उसमें हज़ार आफ़तों का सामना था, जिस्मो-जान की क़ुर्बानियाँ दरकार थीं। अलहम्दुलिल्लाह कि फ़ैज़ किसी मुसीबत का सामना करने से नहीं हिचकिचाया। निगारे-वतन[17] की हुर्मत[18] आज़ादी

---

1. सौन्दर्य-द्रष्टा, 2. सौन्दर्य के प्रशंसक, 3. अनुभूतिमय, 4. चिन्तन, 5. हृदयविदारक, 6. दिशा, 7. पत्नी, 8. दल, 9. चिन्तन और दृष्टि, 10. विस्तार, 11. प्रगतिशील लेखकों, 12. संस्थापक-सदस्य, 13. पथरीली, 14. विश्वव्यापी, 15. सांसारिक, 16. चले, 17. देश रूपी प्रेमिका, 18. इज़्ज़त।

और फिर तज़ईनो-तक्मील[1] के शौक़ ने जिस क़ुर्बानी का तक़ाज़ा किया, पेश कर दी। यह राह तवील भी है और कठिन भी, लेकिन राहरवे-इश्क़[2] के क़दमों में न लग़िज़श[3] आई और न थकन महसूस की...

तहरीके-आज़ादी का यह जियाला[4] तहरीक पाकिस्तान के मा'रकों में भी हरावल रहा। 'पाकिस्तान टाइम्स' के इजरा पर मुदीरे-आला[5] मुक़र्रर हुआ तो सहाफ़ती[6] महाज़ पर क़लमी जिहाद के मा'रके सर करता[7] रहा। पाकिस्तान मअर्ज़े वजूद[8] में आया तो तामीरे-वतन के मराहिल सामने आए। जिस पाकिस्तान के ख़्वाब देखे थे उनकी ता'बीर हस्बे-मुराद[9] नज़र न आई तो इहतिजाज की सदा बुलन्द की और अर्बाबे-इक़्तिदार[10] को यह तर्ज़े-नवा पसन्द न आई तो साज़िश (के) केस में धर लिए गए और क़ैदो-बन्द के मसाइब[11] झेलने पड़े। साज़िश-केस का मामला क्या था उसके मुतअल्लिक़ न कभी हमने दरियाफ़्त किया और न ही फ़ैज़ ने बताया। मालूम यही होता है कि :

वो बात सारे फ़साने में जिसका ज़िक्र न था,
वो बात उनको बहुत नागवार गुज़री है।

मेरे नज़दीक फ़ैज़ की ज़िन्दगी के अहम्तरीन वाक़िआत में एलिस जॉर्ज से उनकी शादी है। यह बज़ाहिर एक मश्रिक़ी नौजवान का एक फ़िरंगी-नज़ाद[12] खातून से निकाह है। ऐसे निकाह आए दिन होते रहते हैं लेकिन हक़ीकतन यह मश्रिक़ी क़ल्बो-रूह और मग्रिबी जिस्मो-दिल का वह बारआवर[13] पैबन्द है जिसमें मश्रिक़ व मग्रिब की रा'नाइयाँ[14] यकजा कर दी हैं। फ़ैज़ एक ला-उबाली, बेनियाज़ ईनो-आँ[15] और ख़ुद फ़रामोशी-सा नौजवान था। एलिस ने उसकी ज़िन्दगी में तरतीब और सँवार पैदा कर दी। बेक़रार रूह को एक हसीन क़ातिब[16] मयस्सर

1. बनाव-शृंगार की पूर्णता, 2. प्रेम-मार्ग पर चलने वाले, 3. कम्पन, ढिलाई, 4. ज़मीनी सतह की, 5. प्रधान सम्पादक, 6. पत्रकारिता, 7. जीतता रहा, 8. अस्तित्व, 9. इच्छानुकूल, 10. अधिकार सम्पन्न लोग, 11. मुसीबतें, 12. अंग्रेज़ों के वंशवाली, 13. परिणामयुक्त, 14. विचारों को, 15. निस्पृह छवि, 16. हृदय।

आ गया। एलिस ने मग़्रिब और उसकी तहज़ीबी रवायात को ख़ैरबाद कहकर मश्रिक़ और उसकी सक़ाफ़ती-इक़्तिदार[1] को अपना लिया। देस के साथ भेस और वतन के साथ ज़ुबान तक बदल ली। मुझे यह कहने में बाक़[2] नहीं कि एलिस ने फ़ैज़ के फ़िक्रो-नज़र, जज़्बातो-हयात और आदर्श तक अपना लिए।

क़ैदो-बन्द की जिन-जिन आज़माइशों से फ़ैज़ गुज़रे हैं, एलिस की ग़मख़्वारी और हौसलामन्दी के बग़ैर उन जानलेवा मराहिल से यूँ एतमाद और यक़ीने-मोहकम[3] के साथ गुज़रना मुश्किल था।

फ़ैज़ का पैदाइशी शहर सियालकोट है। रिहाइशी शहर लाहौर कह लीजिए। लेकिन हम जानते हैं कि लायलपुर से भी उनको निस्बते-ख़ास है। उनकी जवानी की कई हसीन यादें इस शहर से वाबस्ता हैं। उनके मद्दाह[4] और परस्तार मुल्क के अन्दर और बाहर हर जगह मौजूद हैं। लेकिन लायलपुर के वासी उनसे दुगना इल्तिफ़ात के मुस्तहक़ हैं इसलिए यह आरज़ू करना कोई बड़ी जसारत[5] न होगी कि फ़ैज़ हमें दिल के किसी महफ़ूज़ और मख़्सूस गोशे में जगह दिए रखें।

---

1. सांस्कृतिक शक्ति, 2. डर, शर्म, 3. दृढ़ विश्वास, 4. प्रशंसक, 5. धृष्टता, दुस्साहस।

गुमाँ मुबर्क: ब-यापाँ रसीद कारे-मुगाँ
*हज़ार बाद:-ए-नाख़ुर्द: दर रगे-ताक अस्त**

—इक़बाल

* शराब पिलाने वाले का काम इन्तिहाई मुबारक होने का भ्रम है न पी गई हज़ारों बूँदों वाली शराब अंगूर की लताओं पर है।

अश्आर

जो पैरहन में कोई तार मुहतसिब से बचा

जो पैरहन में कोई तार मुहतसिब[1] से बचा
दराज़-दस्ती : ए-पीरे-मुगाँ[2] की नज़्र हुआ
अगर जराहते-क़ातिल[3] से बख़्श्वा लाए
तो दिल सियासते-चार: गराँ[4] की नज़्र हुआ।

1. शराब पीने से रोकने वाले, 2. शराब पिलाने वाले के अत्याचार, 3. घायल करने वाले क़ातिल, 4. इलाज (उपाय) करने वाली राजनीति।

जिस रोज़ क़ज़ा आएगी

किस तरह आएगी जिस रोज़ क़ज़ा आएगी
शायद इस तरह के: जिस तौर कभी अव्वले-शब
बेतलब पहले-पहल मरहमते-बोस:-ए-लब[1]
जिससे खुलने लगे हर सिम्त तिलस्मात के दर
और कहीं दूर से अनजान गुलाबों की बहार
यक-ब-यक सीन:-ए-महताब को तड़पाने लगे

शायद इस तरह के: जिस तौर कभी आख़िरे-शब
नीम-वा[2] कलियों से सरसब्ज सहर
यक-ब-यक हुजर:-ए-महबूब[3] में लहराने लगे
और ख़ामोश दरीचों से बहंगामे-रहील[4]
झनझनाते हुए तारों की सदा आने लगे

किस तरह आएगी जिस रोज़ क़ज़ा आएगी
शायद इस तरह के: जिस तौर तहे-नोके-सिनाँ[5]
कोई रग वाहिम:-ए-दर्द[6] से चिल्लाने लगे
और क़ज़्ज़ाके-सिनाँ-दस्त[7] का धुँधला साया
अज़-कराँ-ता-ब-कराँ[8] दह्र[9] पे मँडलाने लगे

---

1. होंठों के चुम्बन की कृपा, 2. अधलिखी, 3. प्रियतम के कक्ष, 4. कूच के वक़्त, 5. तीर की नोक पर, 6. दर्द के भ्रम, 7. हाथ में तीर लिये हुए डाकू, 8. इस छोर से उस छोर तक, 9. ज़माना।

जिस तरह आएगी जिस रोज़ क़ज़ा आएगी
ख़्वाह क़ातिल की तरह आए के: महबूब सिफ़त
दिल से बस होगी यही हर्फ़े-विदा[1] की सूरत
लिल्लाहिल हम्द बअंजामे-दिले-दिलज़दगाँ[2]
कलम:-ए-शुक्र बनामे-लबे-शीरीं-दहनाँ[3]

1972

---

1. विदाई के वक़्त उच्चारित ध्वनि, 2. दुखी हृदय से अन्तत: 'लिल्लाहिल हम्द' यानी ख़ुदा की तारीफ़ ही निकलेगी, 3. और होंठों से मरहमी मिठास के साथ शुक्रिया का कलमाअ।

हमने सब शे'र में सँवारे थे

हमने सब शे'र में सँवारे थे
हमसे जितने सुख़न[1] तुम्हारे थे

रंगो-ख़ुशबू के, हुस्नो-खूबी के
तुमसे थे—जितने इस्तिआरे[2] थे

तेरे क़ौलो-क़रार से पहले
अपने कुछ और भी सहारे थे

जब वो लालो-गुहर[3] हिसाब किए
जो तिरे ग़म पे दिल ने वारे थे

मेरे दामन में आ गिरे सारे
जितने तश्ने-फ़लक[4] में तारे थे

उम्रे-जावेद[5] की दुआ करते
'फ़ैज़' इतने वो कब हमारे थे

1972

---

1. बातें, 2. रूपक, 3. लाल और मोती, 4. आकाश की नश्तरी, 5. चिरायु होने।

हज़ार दर्द शबे-आरज़ू की राह में हैं

हज़ार दर्द शबे-आरज़ू की राह में हैं
कोई ठिकाना बताओ के: क़ाफ़िला उतरे
क़रीब और भी आओ के: शौक़े-दीद मिटे
शराब और पिलाओ के: कुछ नशा उतरे

जनवरी, 1972

अश्क आबाद की शाम*

जब सूरज ने जाते-जाते
अश्क आबाद के नीले उफ़क़ से
अपने सुनहरी जाम
में ढाली
सुर्ख़िए-अव्वले शाम
और ये जाम
तुम्हारे सामने रखकर
तुमसे किया कलाम
कहा : परनाम!
उठो
और अपने तन की सेज से उठकर
इक शीरीं पैग़ाम
सब्त करो इस शाम
किसी के नाम
किनारे जाम
शायद तुम ये मान गईं और तुमने
अपने लबे-गुलफ़ाम
किए इनआम

---

* अश्क आबाद तुर्कमान जम्हूरिया का सदर मुक़ाम है।

किसी के नाम
किनारे जाम
या शायद
तुम अपने तन की सेज पे सजकर
थीं यूँ मह्वे-आराम
कि रस्ता तकते-तकते
बुझ गई शम्म:-ए-जाम
अश्क आबाद के नीले उफ़क़ पर
ग़ारत हो गई शाम

1972

मेरे दर्द को जो ज़बाँ मिले

मेरा दर्द नग़मा-ए-बे-सदा[1]
मेरी ज़ात[2] ज़र्रा-ए-बे-निशाँ[3]
मेरे दर्द को जो ज़बाँ मिले
मुझे अपना नामो-निशाँ मिले

मेरी ज़ात का जो निशाँ मिले
मुझे राज़े-नज़्मे-जहाँ[4] मिले
जो मुझे ये राज़े-निहाँ[5] मिले
मेरी ख़ामशी को बयाँ मिले
मुझे कायनात की सरवरी[6]
मुझे दौलते-दो-जहाँ[7] मिले

1973

---

1. बे-आवाज़ गीत 2. अस्तित्व, 3. बे-निशान कण, 4. विश्व-व्यवस्था का रहस्य, 5. छुपा हुआ, 6. विश्व की बादशाही, 7. दोनों विश्व।

पाँवों से लहू को धो डालो

हम क्या करते किस रह चलते
हर राह में काँटे बिखरे थे
उन रिश्तों के जो छूट गए
उन सदियों के यारानों के
जो इक-इक करके टूट गए
जिस राह चले जिस सिम्त[1] गए
यूँ पाँव लहू-लुहान हुए
सब देखने वाले कहते थे
ये कैसी रीत रचाई है
ये मेहँदी क्यूँ लगवाई है
वो कहते थे, क्यूँ क़हत-ए-वफ़ा[2]
का नाहक़[3] चर्चा करते हो
पाँवों से लहू को धो डालो
ये राहें जब अट जाएँगी
सौ रस्ते इनसे फूटेंगे
तुम दिल को सँभालो जिसमें अभी
सौ तरह के नश्तर टूटेंगे

1973

---

1. ओर, 2. वफ़ादारी का अकाल, 3. अनुचित।

सज्जाद ज़हीर के नाम

न अब हम साथ सैरे-गुल[1] करेंगे
न अब मिलकर सरे-मक़्तल[2] चलेंगे
हदीसे-दिलबराँ बाहम करेंगे[3]
न ख़ूने-दिल से शरहे-ग़म[4] करेंगे
न लैला-ए-सुख़न[5] की दोस्तदारी
न ग़महा-ए-वतन पर अश्कबारी[6]
सुनेंगे नग़मए-ज़ंजीर[7] मिलकर
न शब-भर मिलके छलकाएँगे सागर

ब - नामे - शाहिदे - नाज़ुकख़यालाँ[8]
ब - यादे - मस्तिए - चश्मे - ग़िज़ालाँ[9]
ब - नामे - इम्बिसाते - बज़्मे - रिन्दाँ[10]
ब - यादे - कुल्फ़ते - अय्यामे - ज़िन्दाँ[11]

---

1. बाग़ की सैर करेंगे, अर्थात् सौन्दर्य और कला का साथ-साथ आनन्द लेंगे, 2. शहादत के स्थान तक, 3. न तो चित्ताकर्षक प्रेमिकाओं के आख्यान या अफ़साने एक-दूसरे को सुनाएँगे, 4. और न दिल के ख़ून से दुख-दर्द की व्याख्या करेंगे, 5. काव्यरूपी लैला, 6. वतन के दुखड़ों पर आँसू बहाना, 7. बन्दीगृह में पाँवों की बेड़ियों का संगीत, 8. कोमल भावनाओं-कल्पनाओं में निहित प्रेमिकाओं के नाम, 9. मृगनयनियों की मस्ती की याद में, 10. रिन्दों की महफ़िल की मस्ती और आनन्द के नाम पर, 11. जेल की मुसीबतों की याद में।

सबा[1] और उसका अन्दाज़े-तकल्लुम[2]
सहर[3] और उसका अन्दाज़े तबस्सुम[4]
फ़िज़ा में एक हाला-सा[5] जहाँ है
यही तो मसनदे-पीरे-मुग़ाँ[6] है
सहरगह[7] अब उसी के नाम, साक़ी
करें इत्मामे[8] दौरे-जाम, साक़ी
बिसाते-बादा-ओ-मीना उठा लो
बढ़ा दो[9] शम्ए-महफ़िल, बज़्मवालो
पियो अब एक जामे-अलविदाई
पियो, और पीके सागर तोड़ डालो

दिल्ली,
सितम्बर, 1973

1. मलयानिल, 2. बात करने का अन्दाज़, 3. भोर, प्रभात, 4. मुस्कान का आरम्भ, 5. प्रभात मंडल-सा, 6. मस्तों के गुरु की मसनद (आसन), 7. भोर बेला में, 8. इत्माम=समाप्ति (जाम का दौर समाप्त करो), 9. अब गुल कर दो, बुझा दो।

ऐ शाम मेह्रबाँ हो!

ऐ शाम मेह्रबाँ हो
ऐ शामे-शह्रे-याराँ[1]
हम पे मेह्रबाँ हो

दोज़ख़ी[2] दोपहर सितम की
बेसबब[3] सितम की
दोपहर दर्दो-ग़ैज़ो[4]-ग़म की
बे-ज़बाँ दर्दो-ग़ैज़ो-ग़म की
इस दोज़ख़ी दोपहर के ताज़ियाने[5]
आज तन पर धनक की सूरत
क़ौस[6]-दर-क़ौस बट गए हैं
ज़ख़्म सब खुल गए हैं जिनके
दाग़ जाना था, छुट गए हैं
तेरे तोशे[7] में कुछ तो होगा
मरहमे-दर्द का दुशाला
तन के उस अंग पर उढ़ा दे
दर्द सबसे सिवा जहाँ से
ऐ शाम-मेह्रबाँ हो

---

1. बादशाहों की शाम, 2. नरक की, 3. बिना कारण, 4. आवेश, 5. कोड़े, 6. धनुष, 7. सामान।

ऐ शामे-शह्रे-याराँ
हम पे मेह्रबाँ हो
दोज़ख़ी दश्त नफ़रतों के
बेदर्द नफ़रतों के
किर्चियाँ दीदा-ए-हसद[1] की
ख़स-ओ-ख़ाशाक[2] रंजिशों के
इतनी सुनसान शाहराहें
इतनी गुंजान क़त्लगाहें
जिनसे आए हैं हम गुज़रकर
आबला बनके हर क़दम पर
यूँ पाँव कट गए हैं
रस्ते सिमट गए हैं
मखमलें अपने बादलों की
आज पाँवों तले बिछा दे
शाफ़ी-ए-कर्ब-ए-रह-रवाँ[3] हो
ऐ शाम मेह्रबाँ हो

ऐ मह-ए-शब निगाराँ[4]
ऐ रफ़ीक़-ए-दिल फ़िगाराँ[5]
इस शाम हमज़बाँ[6] हो
ऐ शाग मेह्रबाँ हो
ऐ शाम मेह्रबाँ हो
ऐ शामे-शह्रे-याराँ
हम पे मेह्रबाँ हो

---

1. ईर्ष्यालु, 2. घास-फूस, 3. यात्रियों के दुख को हरनेवाली, 4. रात्रि की रूपसियों के चन्द्रमा, 5. ज़ख़्मी दिलवालों के साथी, 6. अपनी बात समझनेवाला।

चलो फिर से मुस्कुराएँ

चलो फिर से मुस्कुराएँ
चलो फिर से दिल जलाएँ

जो गुज़र गई हैं रातें
उन्हें फिर जगा के लाएँ
जो बिसर गई हैं बातें
उन्हें याद में बुलाएँ
चलो फिर से दिल लगाएँ
चलो फिर से मुस्कुराएँ

किसी शह-नशीं[1] पे झलकी
वो धनक किसी क़बा[2] की
किसी रग में कसमसाई
वो कसक किसी अदा की
कोई हर्फ़े-बे-मुरव्वत[3]
किसी कुंजे-लब से फूटा
वो छनक के शीशा-ए-दिल
लहे-बाम[4] फिर से टूटा

---

1. बैठने का उच्च स्थान, 2. अँगरखा, 3. निष्ठुर, 4. अटारी के नीचे।

ये मिलन की, नामिलन की
ये लगन की और जलन की
जो सही हैं वारदातें
जो गुज़र गई हैं रातें
जो बिसर गई हैं बातें
कोई इनकी धुन बनाएँ
कोई इनका गीत गाएँ
चलो फिर से मुस्कुराएँ
चलो फिर से दिल जलाएँ

1974

हम तो मजबूर थे इस दिल से

हम तो मजबूर थे इस दिल से के: जिसमें हर दम
गर्दिशे-ख़ूँ[1] से वो कोहराम बपा[2] रहता है
जैसे रिन्दाने-बलानोश[3] जो मिल बैठें ब-हम[4]
मयक़दे में सफ़र-ए-जाम बपा रहता है

सोज़े-ख़ातिर[5] को मिला जब भी सहारा कोई
दाग़े-हिरमान[6] कोई दर्द-ए-तमन्ना कोई
मरहमे-यास[7] से माइल-ब-शिफ़ा[8] होने लगा
ज़ख़्मे-उम्मीद कोई फिर से हरा होने लगा

हम तो मजबूर थे इस दिल से के: जिसकी ज़िद पर
हमने उस रात के माथे पे: सहर की तहरीर
जिसके दामन में अँधेरे के सिवा कुछ भी न था
हमने उस दश्त को ठहरा दिया फ़िरदौस नज़ीर[9]
जिसमें जुज़ सनअते-ख़ूने-सरे-पा[10] कुछ भी न था

---

1. रक्त की गति, 2. शोर मचा, 3. बहुत पीनेवाले शराबी, 4. इकट्ठे, 5. दिल की जलन, 6. दुर्भाग्य, 7. निराशा का मरहम, 8. रोगमुक्ति की ओर अग्रसर, 9. स्वर्ग समान, 10. सिर व पैर का ख़ून करने के अतिरिक्त।

दिल को ताबीर[1] कोई और गवारा ही न थी
कुल्फ़ते-ज़ीस्त[2] तो मंजूर थी हर तौर मगर
राहते-मर्ग[3] किसी तौर गवारा ही न थी

1974

1. स्वप्न-फल, 2. ज़िन्दगी का दुख, 3. मौत का आराम।

न अब रक़ीब न नासेह न ग़मगुसार कोई

न अब रक़ीब न नासेह[1] न ग़मगुसार[2] कोई
तुम आश्ना थे तो थीं आश्नाइयाँ क्या-क्या

जुदा थे हम तो मयस्सर थीं कुरबतें[3] कितनी
बहम[4] हुए तो पड़ी हैं जुदाइयाँ क्या-क्या

पहुँच के दर पे तिरे कितने मो'तबर[5] ठहरे
अगर्चे रह में हुईं जगहँसाइयाँ क्या-क्या

हम-ऐसे सादा-दिलों की नियाज़मन्दी[6] से
बुतों ने की हैं जहाँ में बुराइयाँ क्या-क्या

सितम पे ख़ुश कभी लुत्फ़ो-करम[7] से रंजीदा
सिखाईं तुमने हमें कजअदाइयाँ[8] क्या-क्या

1974

---

1. उपदेशक, 2. दुख-दर्द को पूछनेवाला, 3. निकटताएँ, 4. एक साथ, 5. विश्वासपात्र, 6. भक्ति-विनयमुक्त प्रेम, 7. कृपा, 8. बाँकी अदाएँ।

ढाका से वापसी पर

हम के: ठहरे अजनबी इतनी मदारातों[1] के बाद
फिर बनेंगे आशना[2] कितनी मुलाक़ातों के बाद

कब नज़र में आएगी बे-दाग़ सब्ज़े की बहार
ख़ून के धब्बे धुलेंगे कितनी बरसातों के बाद

थे बहुत बे-दर्द लम्हे ख़त्मे-दर्दे-इश्क़[3] के
थीं बहुत बे-मह्र[4] सुब्हें मह्रबाँ रातों के बाद

दिल को चाहा पर शिकस्ते-दिल[5] ने मोहलत[6] ही न दी
कुछ गिले-शिकवे भी कर लेते, मुनाजातों[7] के बाद

उनसे जो कहने गए थे 'फ़ैज़' जाँ सदक़ा[8] किए
अनकही ही रह गई वो बात सब बातों के बाद

1974

---

1. आवभगत, 2. परिचित, 3. प्रेम की पीड़ा की समाप्ति के क्षण, 4. निर्दयी, 5. दिल की हार, 6. अवकाश, 7. प्रार्थना गीत, 8. प्राण न्योछावर।

यह मौसम-गुल ग़र्चे तरबख़ेज़ बहुत है

यह मौसम-गुल ग़र्चे तरबख़ेज़[1] बहुत है
अहवाले-गुलो-लाला ग़मअंगेज़[2] बहुत है

ख़ुश[3] दावते-याराँ भी है, यल्ग़ारे-उदू[4] भी
क्या कीजिए दिल का जो कमआमेज़[5] बहुत है

यों पीरे-मुग़ाँ[6] शैख़े-रहम[7] से हुए यक्जाँ[8]
मयख़ाने में कमज़र्फ़िए-परहेज़[9] बहुत है

इक गर्दने-मख़लुक़[10] जो हर हाल में ख़म[11] है
इक बाज़ुए क़ातिल है, कि ख़ूँरेज़[12] बहुत है

क्यों मश्अले-दिल[13] 'फ़ैज़' छुपाओ तहे-दामाँ
बुझ जाएगी यों भी, कि हवा तेज़ बहुत है

1975

---

1. आनन्दवर्धक, 2. दुखद, 3. प्रसन्नता की बात, 4. दुश्मन का हमला, 5. मिलना-जुलना कम पसन्द करनेवाला, 6. पीनेवालों यानी मस्तों के अध्यक्ष, 7. धर्मगुरु, 8. एकजान, 9. परहेज़ की तंगदिली, 10. अवाम की गर्दन, 11. झुकी हुई, 12. ख़ून बहानेवाला, 13. दिल की मशाल।

बहार आई

बहार आई तो जैसे एक बार
लौट आए हैं फिर अदम[1] से
वो ख़्वाब सारे, शबाब सारे
जो तेरे होंठों पे मर मिटे थे
जो मिट के हर बार फिर जिये थे
निखर गए हैं गुलाब सारे
जो तेरी यादों से मुश्कबू[2] हैं
जो तेरे उश्शाक़[3] का लहू हैं

उबल पड़े हैं अज़ाब[4] सारे
मलाले-अहवाले-दोस्ताँ[5] भी
ख़ुमारे-आग़ोशे-महवशाँ[6] भी
ग़ुबारे-ख़ातिर के बाब[7] सारे
तेरे हमारे
सवाल सारे, जवाब सारे
बहार आई तो खुल गए हैं
नए सिरे से हिसाब सारे

अप्रैल, 1975

---

1. शून्य, लोक, 2. कस्तूरी गन्ध, 3. प्रेमियों, 4. यातनाएँ, 5. दोस्तों की दशा का दुख, 6. चन्द्र-बदन प्रेयसियों के आलिंगन का टूटता नशा, 7. दिल की भड़ास के प्रसंग।

तुम अपनी करनी कर गुज़रो

अब क्यूँ उस दिन का ज़िक्र करो
जब दिल टुकड़े हो जाएगा
और सारे ग़म मिट जाएँगे
जो कुछ पाया खो जाएगा
जो मिल न सका वो पाएँगे
ये दिन तो वही पहला दिन है
जो पहला दिन था चाहत का
हम जिसकी तमन्ना करते रहे
और जिससे हरदम डरते रहे
ये दिन तो कितनी बार आया
सौ बार बसे और उजड़ गए
सौ बार लुटे और भर पाया

अब क्यूँ उस दिन की फ़िक्र करो
जब दिल टुकड़े हो जाएगा
और सारे ग़म मिट जाएँगे
तुम ख़ौफ़ो-ख़तर से दरगुज़रो
जो होना है सो होना है
गर हँसना है तो हँसना है

गर रोना है तो रोना है
तुम अपनी करनी कर गुज़रो
जो होगा देखा जाएगा

अक्तूबर, 1975

मोरी अरज सुनो

[नज़्रे-ख़ुसरो]

“मोरी अरज सुनो दस्तगीर[1] पीर”
“माई री कहूँ कासे मैं
अपने जिया की पीर”
“नैया बाँधो रे
बाँधो रे कनारे-दरिया”
“मोरे मन्दिर अब क्यूँ नहिं आए”

—इस सूरत से
अर्ज़ सुनाते
दर्द बताते
नैया खेते
मिन्नत करते
रस्ता तकते
कितनी सदियाँ बीत गई हैं
अब जाकर ये भेद खुला है
जिसको तुमने अर्ज़ गुज़ारी[2]
जो था हाथ पकड़नेवाला

---

1. मददगार, 2. विनती की।

जिस जा लागी नाव तुम्हारी
जिससे दुख का दारू[1] माँगा
तोरे मन्दिर में जो नहिं आया
वो तो तुम्हीं थे
वो तो तुम्हीं थे

सितम्बर, 1975

1. उपचार।

हमीं से अपनी नवा हमकलाम होती रही

हमीं से अपनी नवा[1] हमकलाम होती रही
ये तेग़ अपने लहू में नियाम[2] होती रही

मुक़ाबिले-सफ़े-आदा[3] जिसे किया आग़ाज़[4]
वो जंग अपने ही दिल में तमाम[5] होती रही

कोई मसीहा न ईफ़ा-ए-अहद[6] को पहुँचा
बहुत तलाश पसे-क़त्ले-आम[7] होती रही

ये बर्हमन का करम[8], वो अता-ए-शैख़े-हरम[9]
कभी हयात[10] कभी मय[11] हराम होती रही

जो कुछ भी बन न पड़ा 'फ़ैज़' लुटके यारों से
तो रहज़नों[12] से दुआ-ओ-सलाम होती रही

---

1. आवाज़, 2. म्यान, 3. शत्रुओं की पाँत ('सफ़') के मुक़ाबिल यानी आमने-सामने, 4. आरम्भ किया, 5. समाप्त, 6. अपना पैग़म्बरी वचन पूरा करने, 7. क़त्लेआम के बाद, 8. कृपा, 9. काबे के शैख़ की देन, 10. जीवन, 11. मदिरा, 12. लुटेरों।

तुझे पुकारा है बेइरादः

तुझे पुकारा है बेइरादः
जो दिल दुखा है बहुत ज़ियादः

नदीम[1] हो तेरा हर्फ़े-शीरीं
तो रंग पर आए रंगे-बादः

अता करो इक अदा-ए-देरीं[2]
तो अश्क से तर करे लबादः

न जाने किस दिन से मुन्तज़िर है
दिले-सरे-रहगुज़र फ़तादः[3]

कि एक दिन फिर नज़र में आए
वो बाम रौशन वो दर कुशादः

वो आए पुरसिश[4] को, फिर सजाए
क़बा-ए-रंगीं[5] अदा-ए-सादः

1. दोस्त, 2. पुरानी अदा, 3. रास्ते पर पड़ा हुआ दिल, 4. कुशल-क्षेम पूछने, 5. रंगीन वस्त्र।

हसरते-दीद में गुज़राँ हैं ज़माने कब से

हसरते-दीद में[1] गुज़राँ हैं[2] ज़माने कब से
दश्ते-उम्मीद में[3] गर्दां हैं[4] दिवाने कब से

देर से आँख पे उतरा नहीं अश्कों का अज़ाब[5]
अपने ज़िम्मे है तिरा क़र्ज़ न जाने कब से

किस तरह पाक हों[6] बेआरज़ू लम्हों का हिसाब
दर्द आया नहीं दरबार सजाने कब से

सुर क़रो साज़[7] कि छेड़ें कोई दिलसोज़ ग़ज़ल
'ढूँढ़ता है दिले-शोरीदा[8] बहाने कब से'

पुर करो जाम कि शायद हो इसी लहज़ा[9] रवाँ[10]
रोक रक्खा है जो इक तीर क़ज़ा ने कब से[11]

'फ़ैज़' फिर कब किसी मक़तल में करेंगे आबाद
लब पे वीराँ हैं शहीदों के फ़साने कब से

---

1. दर्शनों की हसरत लिये, 2. गुज़र रहे हैं, 3. आशा के बियाबान में, 4. ख़ाक छान रहे हैं, 5. आँसुओं की पीड़ा, 6. चुकता हो, 7. साज़ छेड़ो, 8. पागल दिल, 9. क्षण, 10. चल पड़े, 11. मौत।

लेनिनग्राड का गोरिस्तान[1]

सर्द सिलों पर
ज़र्द सिलों पर
ताज़ा गर्म लहू की सूरत
गुलदस्तों के छींटे हैं
कतबे[2] सब बे-नाम हैं लेकिन
हर इक फूल के नाम लिखा है
ग़ाफ़िल[3] सोनेवाले का
याद में रोनेवाले का
अपने फ़र्ज़ से फ़ारिग़[4] होकर
अपने लहू की तान के चादर
सारे बेटे ख़्वाब[5] में हैं
अपने ग़मों का हार पिरोकर
अम्माँ अकेली जाग रही है

लेनिनग्राड, 1976

---

1. कब्रिस्तान, 2. क़ब्र पर लगी मृतक की परिचय-पट्टी, 3. बेहोश, 4. कर्तव्य निबटाकर, 5. नींद (स्वप्न)।

य' किस ख़लिश ने फिर इस दिल में आशियाना किया

य' किस ख़लिश ने फिर इस दिल में आशियाना किया[1]
फिर आज किसने सुख़न हमसे ग़ायबाना[2] किया

ग़मे-जहाँ हो, रुख़े-यार हो, कि दस्ते-उदू[3]
सलूक जिससे किया हमने आशिक़ाना किया

थे ख़ाके-राह भी हम लोग, क़हरे-तूफ़ाँ[4] भी
सहा तो क्या न सहा, और किया तो क्या न किया

खुशा[5] के: आज हर इक मुद्दई[6] के लब पर है
वो राज़, जिसने हमें राँदए-ज़माना[7] किया

वो हीलाग़र[8] जो वफ़ाज़ू[9] भी है, जफ़ाख़ू[10] भी
किया भी 'फ़ैज़' तो किस बुत से दोस्ताना किया

1976

---

1. नीड़ बनाया, 2. परोक्ष रूप से, 3. शत्रु का हाथ, 4. तूफ़ान का प्रकोप, 5. ख़ूशी की बात है, 6. हर एक दावेदार, 7. युग से बहिष्कृत, 8. बहाने बनानेवाला, 9. प्रेम निबाहनेवाला, 10. वफ़ा न करने वाला।

कुछ इश्क़ किया, कुछ काम किया

वो लोग बहुत ख़ुश-क़िस्मत थे
जो इश्क़ को काम समझते थे
या काम से आशिक़ी करते थे
हम जीते-जी मसरूफ़ रहे
कुछ इश्क़ किया, कुछ काम किया

काम इश्क़ के आड़े आता रहा
और इश्क़ से काम उलझता रहा
फिर आख़िर तंग आकर हमने
दोनों को अधूरा छोड़ दिया

1976

दरे-उम्मीद के दरयूज़:गर

फिर फरेरे[1] बन के मेरे तन-बदन की धज्जियाँ
शह्र के दीवारो-दर को रंग पहनाने लगीं
फिर क़फ़-आलूदा[2] ज़बानें मदहो-ज़म[3] की क़मचियाँ
मेरे ज़ह्नो-गोश[4] के ज़ख़्मों पे बरसाने लगीं

फिर निकल आए हवसनाकों के रक़्साँ तायफ़े[5]
दर्दमन्दे-इश्क़ पर ठट्ठे लगाने के लिए
फिर दुहल[6] करने लगे तशहीरे-इख़्लासो-वफ़ा[7]
कुश्ता-ए-सिद्क़ो-सफ़ा[8] का दिल जलाने के लिए

हम के: हैं कब से दरे-उम्मीद के दरयूज़:गर[9]
ये घड़ी गुज़री तो फिर दस्ते-तलब[10] फैलाएँगे
कूचा-ओ-बाज़ार से फिर चुन के रेज़ा-रेज़ा ख़्वाब[11]
हम युँ ही पहले की सूरत[12] जोड़ने लग जाएँगे

मार्च, 1977

---

1. पताकाएँ, 2. गन्दी, 3. प्रशंसा व निन्दा, 4. मस्तिष्क व कान, 5. दुराचारी लोगों की नृत्यरत मंडलियाँ, 6. नगाड़े, 7. निश्छलता व प्रेम-मुहब्बत का प्रचार, 8. सत्य और ईमानदारी पर मिटे हुओं, 9. आशा-द्वार के भिक्षुक, 10. माँगनेवाला हाथ, 11. कण-कण (टूटे) स्वप्न, 12. पहले की तरह।

आज इक हर्फ़ को फिर...

[1]

आज इक हर्फ़ को फिर ढूँढ़ता फिरता है ख़याल
मध-भरा हर्फ़ कोई, ज़ह्र-भरा हर्फ़ कोई
दिलनशीं हर्फ़ कोई, क़ह्र-भरा कोई हर्फ़ कोई
हर्फ़े-उल्फ़त कोई दिलदारे-नज़र हो जैसे
जिससे मिलती है नज़र बोस:-ए-लब की सूरत
इतना रौशन कि सरे-मौज़:-ए-ज़र हो जैसे
सोहबते-यार में आग़ाज़े-तरब[1] की सूरत
हर्फ़े-नफ़रत कोई शमशीरे-ग़ज़ब हो जैसे
ता-अबद[2] शहरे-सितम जिससे तबह हो जाएँ
इतना तारीक के: शमशान की शब हो जैसे
लब पे लाऊँ तो मेरे होंठ सियह हो जाएँ

[2]

आज हर सुर से हर इक राग का नाता टूटा
ढूँढ़ती फिरती है मुतरिब को फिर उसकी आवाज़
जोशिशे-दर्द[3] से मजनूँ के गरेबाँ की तरह

1. ख़ुशी की शुरुआत, 2. सदा के लिए, 3. दर्द के उत्साह।

आज हर मौज हवा से है सवाली ख़िलक़त[1]
ला कोई नग़मा कोई सौत[2] तेरी उम्र दराज़
नौहः-ए-ग़म ही सही शोरे-शहादत ही सही
सूरे-महशर[3] ही सही बाँगे-क़यामत[4] ही सही

जुलाई, 1977

1. दुनिया, 2. कोड़ा, 3. वह बाजा (तुरही) जो क़यामत के रोज़ बजेगा और जिसे हज़रत इसराफ़ील बजाएँगे, 4. क़यामत की आवाज़।

किस शह्र न शोहरा हुआ नादानी-ए-दिल का

किस शह्र न शोहरा[1] हुआ नादानी-ए-दिल का
किस पर न खुला राज़ परीशानी-ए-दिल का

आओ करें महफ़िल पे ज़रे-ज़ख़्म नुमायाँ
चर्चा है बहुत बे-सरो-सामानी-ए-दिल का

देख आएँ चलो कूए-निगाराँ[2] का ख़राब:[3]
शायद कोई मरहम मिले वीरानी-ए-दिल का

पूछो तो इधर तीरफ़िगन[4] कौन है यारो
सौंपा था जिसे काम निगहबानी-ए-दिल का

देखो तो किधर आज रुखे-वादे-सबा[5] है
किस रह से पयाम आया है ज़िन्दानी-ए-दिल[6] का

उतरे थे कभी 'फ़ैज़' वो आईन:-ए-दिल में
आलम है वही आज भी हैरानी-ए-दिल का

---

1. प्रसिद्धि, 2. प्रेमिका की गली, 3. वीरानी, 4. तीर चलानेवाला, 5. ठंडी हवा का रुख़, 6. बन्दी हृदय।

वो बुतों ने डाले हैं वसवसे कि दिलों से ख़ौफ़े-खुदा गया

वो बुतों ने डाले हैं वसवसे[1] कि दिलों से ख़ौफ़े-खुदा गया
वो पड़ी हैं रोज़ क़यामतें कि ख़्याले-रोज़े-जज़ा[2] गया

जो नफ़स था ख़ारे-गुलू[3] बना, जो उठे तो हाथ लहू हुए
वो निशाते-आहे-सहर[4] गयी, वो वक़ारे-दस्ते-दुआ[5] गया

न वो रंग फ़स्ले-बहार का, न रविश वो अब्रे-बहार[6] की
जिस अदा से यार थे आश्ना वो मिज़ाजे-बादे-सबा गया

जो तलब पे अह्दे-वफ़ा किया तो वो आबरू-ए-वफ़ा गयी
सरे-आम जब हुए मुद्दई[7] तो सवाबे-सिद्क़ो-सफ़ा[8] गया

अभी बादबान को तह रखो अभी मुज़्तरिब[9] है रुखे-हवा
किसी रास्ते में है मुन्तज़िर[10] वह सुकूँ जो आके चला गया

---

* इस ग़ज़ल का पहला, दूसरा और चौथा शे'र 'शामे-शहरे-याराँ' में तीन शे'र शीर्षक से दिए गए हैं।

1. आशंकाएँ, 2. क़यामत के दिन ख़याल, 3. गले का काँटा, 4. सुबह की फ़रियाद करने का मज़ा, 5. दुआ माँगनेवाले हाथों का सम्मान, 6. वर्षा ऋतु का बादल, 7. दुश्मन, 8. पवित्रता और सच्चाई का पुण्य, 9. बेचैन, 10. प्रतीक्षक।

फ़रमाइशें

मर्सिया-ए-इमाम*

रात आई है शब्बीर पे यलग़ारे-बला[1] है
साथी न कोई यार न गमख़्वार रहा है
मूनिस[2] है तो एक दर्द की घनघोर घटा है
मुशफ़िक़[3] है तो इक दिल के धड़कने की सदा है

तनहाई की, ग़ुर्बत[4] की, परेशानी की शब है
ये ख़ाना-ए-शब्बीर की वीरानी की शब[5] है

दुश्मन की सिपह ख़्वाब में मदहोश[6] पड़ी थी
पल-भर को किसी की न इधर आँख लगी थी
हर एक घड़ी आज क़यामत की घड़ी थी
ये रात बहुत आले-मुहम्मद[7] पे कड़ी थी

---

* इमाम की मौत पर लिखा गया शोक गीत—हज़रत मुहम्मद के नाती हज़रत इमाम हुसैन (शब्बीर) व उनके 72 साथियों को जिनमें बूढ़े, दूध पीते बच्चे और औरतें भी शामिल थीं, दुराचारी ख़लीफ़ा यज़ीद को धर्म-नेता के रूप में स्वीकार न करने पर उसकी फ़ौज द्वारा कई दिनों तक भूखा व प्यासा रखकर करबला के मैदान (ईराक के फरात नदी के किनारे पर) में एक-एक करके शहीद किया गया, शहीदों के सिरों को बर्छियों पर उछाला गया और औरतों को दमिश्क़ के बाज़ारों में घुमाया गया इस घटना का सोग मनाने और करबला के पवित्र शहीदों को श्रद्धांजलि पेश करने के लिए मुहर्रम के महीने में शोक प्रकट किया जाता है व मर्सिये पढ़े जाते हैं।

1. मुसीबतों के आक्रमण, 2. साथी, 3. महरबान, 4. अपनी धरती से दूर होना, 5. शब्बीर के घर की बरबादी की रात, 6. नींद में मस्त फ़ौज, 7. हज़रत मुहम्मद की औलाद।

रह-रहके बुका[1] अह्ले-हरम[2] करते थे ऐसे
थम-थम के दिया आख़िरे-शब जलता है जैसे
इक गोशे[3] में इन सोख़्ता सामानों के सालार[4]
इन ख़ाक ब सर[5], ख़ानमाँ वीरानों[6] के सरदार
तिश्ना लबो-दरमाँदा-ओ-मजबूरो-दिल-अफ़गार[7]
इस शान से बैठे थे शहे-लश्करे-अहरार[8]

मसनद[9] थी, न ख़िल'अत[10] थी, न ख़ुद्दाम[11] खड़े थे
हाँ तन पे जिधर देखिए, सो ज़ख़्म सजे थे

कुछ ख़ौफ़ था चेहरे पे, न तश्वीश[12] ज़रा थी
हर एक अदा मज़हरे-तसलीमो-रज़ा[13] थी
हर एक निगह शाहिदे-इक़रारे-वफ़ा[14] थी
हर ज़ुम्बिशे-लब[15] मुन्किरे-दस्तूरे-जफ़ा[16] थी
पहले तो बहुत प्यार से हर फ़र्द को देखा
फिर नाम ख़ुदा का लिया और यूँ हुए गोया[17]

अलहम्द,[18] क़रीब आया ग़मे-इश्क़ का साहिल
अलहम्द, के: अब सुब्हे-शहादत हुई नाज़िल[19]
बाज़ी है बहुत सख़्त मियाने-हक़्क़ो-बातिल[20]
वो ज़ुल्म में कामिल हैं तो हम सब्र में कामिल[21]
बाज़ी हुई अंजाम[22] मुबारक हो अज़ीज़ो[23]

---

1. बैन, 2. मक्का-निवासी (हज़रत, इमाम हुसैन व उनके साथी), 3. कोने, 4. हारे हुओं के सरदार, 5. सिर पर धूल, 6. बरबाद घरोंवाले, 7. प्यासे, थके हुए, परेशान व ज़ख़्मी दिलवाले, 8. आज़ाद लोगों के दल का राजा, 9. राज-सिंहासन, 10. राजसी वेशभूषा, 11. सेवक, 12. चिन्ता, 13. हर बात मानने की सूचक, 14. वफ़ादारी की गवाही, 15. होंठ हिलना, 16. अन्याय की नीति को नकारती, 17. बोले, 18. वन्दना करो, 19. प्रकट, 20. सच-झूठ के बीच, 21. पूर्ण, 22. समाप्त, 23. दोस्तो।

बातिल हुआ नाकाम, मुबारक हो अज़ीज़ो
फिर सुब्ह की लौ आई रुख़े-पाक[1] पे चमकी
और एक किरन मक़तले-ख़ूँनाक[2] पे चमकी
नेज़े की अनी[3] थी ख़सो-ख़ाशाक पे चमकी
शमशीरे बरहना[4] थी के: अफ़लाक[5] पे चमकी

दम-भर के लिए आईना-रू हो गया सहरा[6]
ख़ुर्शीद[7] जो उभरा तो लहू हो गया सहरा

पा बाँधे हुए हमले को आई सफ़े-आ'दा[8]
था सामने एक बन्दा-ए-हक़ यक्का-वो-तन्हा[9]
हरचन्द के: हर इक था उधर ख़ून का प्यासा
ये रौब का आलम था के: कोई पहलू न करता

की आने में ताख़ीर[10] जो लैला-ए-क़ज़ा[11] ने
ख़ुतबा किया इर्शाद[12] इमामे-शुहदा[13] ने
फ़रमाया के: क्यूँ दर-पए-आज़ार[14] हो लोगो
हक़ वालों से क्यूँ बर सरे-पैकार[15] हो लोगो
वल्लाह के: मुजरिम हो, गुनहगार हो लोगो
मालूम है कुछ किस के तरफ़दार हो लोगो

क्यूँ आप के आक़ाओं[16] में और हम में ठनी है
मालूम है किस वास्ते इस जाँ पे बनी है

---

1. पवित्र मुख, 2. वध करने का स्थान, 3. बर्छी की नोक, 4. नंगी तलवार, 5. आसमानों, 6. क्षण-भर के लिए जंगल दर्पण की तरह हो गया, 7. सूर्य, 8. दुश्मनों की पंक्ति, 9. सत्य पर चलनेवाला अकेला व्यक्ति, 10. देर, 11. मृत्यु रूपी प्रेमिका, 12. फर्माया, 13. शहीदों के सरदार, 14. दुख पहुँचाने को तैयार, 15. युद्धरत, 16. स्वामियों।

सत्वत न हुकूमत न हशम[1] चाहिए हमको
औरंग[2] न अफ़सर न अलम[3] चाहिए हमको
ज़र चाहिए, नै मालो-दिरम[4] चाहिए हमको
जो चीज़ भी फ़ानी[5] है, वो कम चाहिए हमको

सरदारी की ख़्वाहिश है न शाही की हवस है
इक हर्फ़े-यक़ीं[6] दौलते-ईमाँ[7] हमें बस है[8]

तालिब[9] हैं अगर हम तो फ़क़त हक़[10] के तलबगार
बातिल के मुक़ाबिल में सदाक़त के परस्तार
इन्साफ़ के, नेकी के, मुरव्वत के तरफ़दार
ज़ालिम के मुख़ालिफ़ हैं तो बेकस के मददगार
जो ज़ुल्म पेः लानत न करे, आप लई[11] है
जो जब्र का मुन्किर नहीं, वो मुन्किरे-दीं[12] है

ता-हश्र[13] ज़माना तुम्हें मक्कार कहेगा
तुम अहद-शिकन[14] हो, तुम्हें गद्दार कहेगा
जो साहिबे-दिल है हमें अबरार[15] कहेगा
जो बन्दा-ए-हुर है, हमें अह्रार कहेगा

नाम ऊँचा ज़माने में हर अन्दाज़ रहेगा
नेज़े पे भी सर अपना सर-अफ़राज़[16] रहेगा

---

1. प्रताप, सत्ता व श्रेष्ठता, 2. सिंहासन, 3. पताका, 4. सोना व माल-दौलत, 5. मिटनेवाली, 6. आस्था का शब्द, 7. ईमान की दौलत, 8. काफ़ी है, 9. इच्छुक, 10. सत्य, 11. धिक्कृत, 12. धर्म को नकारनेवाला, 13. क़यामत तक, 14. वचन तोड़नेवाला, 15. ऋषि, 16. प्रतिष्ठित।

कर ख़त्म सुख़न[1], मह्वे-दुआ[2] हो गए शब्बीर
फिर नारा-ज़नाँ मह्वे-विग़ा[3] हो गए शब्बीर

क़ुर्बाने-रहे-सिदक़ो-सफ़ा हो गए शब्बीर
ख़ेमों में था कोहराम, जुदा हो गए शब्बीर
मर्कब[4] पे तने-पाक था और ख़ाक पे सर था
उस ख़ाक तले जन्नते-फ़िर्दोस[5] का दर था

1964

---

1. बात, 2. प्रार्थना-मग्न, 3. नारे लगाना व गर्जना करना, 4. अश्व, 5. स्वर्ग।

मद्‌ह[1]

[हसीन शहीद सुहरवर्दी मरहूम ने रावलपिंडी साज़िश केस में मुल्ज़िमों की जानिब से वक़ालत की थी। मुक़दमे के ख़ात्मे पर उन्हें यह सिपासनामा (अभिनन्दनपत्र) पेश किया गया।]

[1]

किस तरह बयाँ हो तिरा पैराय: ए-तक़रीर[2]
गोया सरे-बातिल[3] पे चमकने लगी शमशीर
वो ज़ोर है इक लफ़्ज़ इधर नुत्क़[4] से निकला
वाँ सीन:-ए-अग़ियार[5] में पैवस्त हुए तीर
गर्मी भी है ठंडक भी रवानी भी सुकूँ भी
तासीर का क्या कहिए, है तासीर-सी तासीर
एजाज़[6] उसी का है के: अरबाबे-सितम की
अब तक कोई अंजाम को पहुँची नहीं तदबीर
इतराफ़े-वतन[7] में हुआ हक़ बात का शोहरा
हर एक जगह मक्रो-रिया[8] की हुई तशहीर[9]
रौशन हुए उम्मीद से रुख़ अहले-वफ़ा के
पेशानिए-आदा[10] पे सियाही हुई तहरीर

1. स्तुति, 2. वक्तृता, भाषण की शैली, 3. झूठ के सिर पर, 4. वाणी, 5. विपक्षी के सीने में, 6. चमत्कार, 7. देश-भर में, 8. छद्‌म और पाखंड, 9. भर्त्सना, 10. शत्रुओं के चेहरे पर।

[2]

हुर्रीयते-आदम[1] की रहे सख़्त के: रहगीर
ख़ातिर में नहीं लाते ख़याले-दमे-ताज़ीर[2]
कुछ नंग[3] नहीं रंजे-असीरी[4] के: पुराना
मर्दाने-सफ़ाकेश[5] से है रिश्त:-ए-ज़ंजीर
कब दबदब:-ए-जब्र से दबते हैं कि जिनके
ईमानो-यकीं दिल में किए रहते हैं तनवीर[6]

मालूम है इनको कि रिहा होगी किसी दिन
ज़ालिम के गराँ हाथ से मज़लूम की तक़दीर
आख़िर को सरअफ़राज़[7] हुआ करते हैं अहरार[8]
आख़िर को गिरा करती है हर जौर[9] की ता'मीर
हर दौर में सर होते हैं क़स्रे-जमो-दार[10]
हर अह्द[11] में दीवारे-सितम होती है तसख़ीर[12]
हर दौर में मलऊन[13] शक़ावत[14] है शिम्र[15] की
हर अह्द में मसऊद[16] है क़ुर्बानिए-शब्बीर[17]

[3]

करता है क़लम अपने लबो-नुत्क़ की तत्हीर[18]
पहुँची है सरे-हर्फ़ दुआ अब मिरी तहरीर
हर काम में बरकत हो हर इक क़ौल में क़ूवत

---

1. मानव स्वतंत्रता, 2. दंड के समय का ध्यान, 3. शर्म, 4. कारावास की चिन्ता, 5. शुद्धात्मा, 6. प्रकाश, 7. उन्नत सिर, 8. आज़ाद लोग, 9. ज़ुल्म, 10. जमशेद-जैसी शानो-शौक़तवाली इमारतें, 11. युग, 12. ध्वस्त, 13. दुष्ट (बहुवचन में), 14. निर्दयता, 15. हज़रत इमाम हुसैन का हत्यारा, 16. शुभ, 17. शब्बीर (इमाम हुसैन) की क़ुर्बानी, 18. पवित्रता।

हर गाम पे हो मंज़िले-मक़सूद क़दमगीर
हर लहज़ा तेरा तालि-ए-इक़बाल[1] सिवा हो
हर लहज़ा मददगार हो तदबीर की तक़दीर
हर बात हो मक़बूल, हर इक बोल हो बाला
कुछ और भी रौनक में बढ़े शोल:-ए-तक़रीर
हर दिन हो तेरा लुत्फ़े-ज़बाँ और ज़ियाद:
अल्लाह करे ज़ोरे-बयाँ और ज़ियाद:

---

1. सौभाग्य।

गीत*

मंज़िलें, मंज़िलें

मंज़िलें, मंज़िलें
शौक़े-दीदार की मंज़िलें
हुस्ने-दिलदार की मंज़िलें, प्यार की मंज़िलें
प्यार की बेपनह रात की मंज़िलें
कहकशानों की[1] बारात की मंज़िलें

बलन्दी की, हिम्मत की, परवाज़[2] की
जोशे-परवाज़ की मंज़िलें
राज़ की मंज़िलें
ज़िन्दगी की कठिन राह की मंज़िलें
बलन्दी की, हिम्मत की, परवाज़ की मंज़िलें
जोशे-परवाज़ की मंज़िलें
राज़ की मंज़िलें

आन मिलने के दिन
फूल खिलने के दिन
वक़्त के घोर सागर में सुब्ह की

1. आकाशगंगाओं की, 2. उड़ान।

शाम की मंज़िलें
चाह की मंज़िलें
आस की, प्यास की
हसरते-यार की
प्यार की मंज़िलें
मंज़िलें, हुस्ने-आलम के गुलज़ार की मंज़िलें, मंज़िलें

मौज-दर-मौज[1] ढलती हुई रात के दर्द की मंज़िलें
चाँद-तारों के वीरान संसार की मंज़िलें

अपनी धरती के आबाद बाज़ार की मंज़िलें
हक़ के इर्फ़ान[2] की
नूरे अनवार की
वस्ले-दिलदार की
क़ौलो-इक़रार की मंज़िलें
मंज़िलें, मंज़िलें

** फ़िल्म : 'कसम उस वक़्त की' से*

---

1. लहर के बाद लहर, 2. सत्य का तात्त्विक ज्ञान।

गीत*

अब क्या देखें राह तुम्हारी

अब क्या देखें राह तुम्हारी
बीत चली है रात

छोड़ो
छोड़ो ग़म की बात
थक गए आँसू
थक गईं अँखियाँ
गुज़र गई बरसात
बीत चली है रात

छोड़ो
छोड़ो ग़म की बात
कब से आस लगी दर्शन की
कोई न जाने बात
कोई न जाने
बीत चली है रात
छोड़ो ग़म की बात

तुम आओ तो मन में उतरे
फूलों की बारात

बीत चली है रात
अब क्या देखें राह तुम्हारी
बीत चली है रात

** फ़िल्म : 'जागो हुआ सवेरा' से*

गीत*

हम तेरे पास आए

हम तेरे पास आए
सारे भरम मिटा कर
सब चाहतें भुला कर
कितने उदास आए
हम तेरे पास जाकर
क्या-क्या न दिल दुखा है
क्या-क्या बही हैं अँखियाँ
क्या-क्या न हम पे बीती
क्या-क्या हुए परीशाँ
हम तुझसे दिल लगा कर
तुझसे नज़र मिला कर
कितने फ़रेब खाए
अपना तुझे बना कर

हम तेरे पास आए
सारे भरम मिटा कर
थी आस आज हम पर कुछ होगी मेह्रबानी
हलका करेंगे जी को सब हाले-दिल ज़बानी
तुझको सुना-सुना कर
आँसू बहा-बहा कर

कितने उदास आए
हम तेरे पास जाकर
हम तेरे पास आए
सारे भरम मिटा कर

** फ़िल्म : 'सुख का सपना' से*

उम्मीद-ए-सहर की बात सुनो

जिगर-दरीद:[1] हूँ, चाके-जिगर की बात सुनो
अलम-रसीद:[2] हूँ, दामाने-तर की बात सुनो
ज़बाँ-बुरीद:[3] हूँ, ज़ख़्मे-गुलू से हर्फ़ करो
शिकस्त:-पा हूँ, मलाले-सफ़र की बात सुनो
मुसाफ़िरे-रहे-सहरा-ए-ज़ुल्मते-शब से
अब इल्तिफ़ाते-निगारे-सहर[4] की बात सुनो
सहर की बात उम्मीद-ए-सहर की बात सुनो

1. विदीर्ण ह्रदय, 2. दुखी, 3. कटी हुई जबानवाला, 4. प्रात:काल रूपी प्रिया का कटाक्ष।

हैराँ है जबीं आज किधर सज्दा रवाँ है

हैराँ है जबीं[1] आज किधर सज्दा रवाँ है
सर पर हैं ख़ुदावन्द[2], सरे-अर्श[3] ख़ुदा है

कब तक इसे सींचोगे तमन्नाए-समर[4] में
यह सब्र का पौदा तो न फूला न फला है

मिलता है ख़िराज इसकी तिरी नाने-जवीं[5] से
हर बादशाहे-वक़्त तिरे दर का गदा है

हर-एक उक़ूबत[6] से है तल्ख़ी में सवातर[7]
वो रंज, जो नाकर्दा[8] गुनाहों की सज़ा है

एहसान लिये कितने मसीहा-नफ़सों[9] के
क्या कीजिए दिल का न जला है, न बुझा है

अक्तूबर, 1977

---

1. माथा, 2. मालिक, 3. सारे आसमानों के ऊपर, 4. फल की आशा में, 5. जौ की रोटी, 6. यातना, 7. बढ़कर, 8. जो नहीं किए गए, 9. मसीहा के समान नये प्राण फूँकने की शक्ति रखनेवाले लोगों।

पंजाबी नज़्में

लम्मी रात-सी दर्द फ़िराक़वाली

लम्मी रात-सी दर्द फ़िराक़वाली
तेरे कौल ते असाँ वसाह करके
कौड़ा घुट कीती मिठड़े यार मेरे
मिठड़े यार मेरे, जानी यार मेरे
तेरे कौल ते असाँ वसाह करके
झाँजराँ वाँग, ज़ंगीराँ झनकाइयाँ नें

कदी पैरी बेड़ी चाइयाँ नें
कदी कन्नीं मुन्दराँ पाइयाँ नें
तेरी ताँह्ग विच पट्ट दा मास दे के
असाँ काग सद्दे असाँ सीहं घल्ले

रात मुकदी ए, यार, आवँदा ए
असीं तकदे रहे हज़ार वल्ले
कोई आया न बिना ख़ुनामियाँ दे
कोई पुज्जा न सिवा उलाहमियाँ दे

आज लाह उलाहमे मिठड़े यार मेरे
अज आ वेहड़े बिछड़े यार मेरे

फ़जर होवे ते आखिये बिस्मिल्लाह
अज दौलताँ साडे घर आइयाँ नें
जिहदे कौल ते असाँ वसाह कीता
ऊहनें ओड़क तोड़ निभाइयाँ नें

गीत

किधरे न पैन्दियाँ दस्साँ

किधरे न पैन्दियाँ दस्साँ
वे परदेसिया तेरियाँ
काग उड़ावाँ शगन मनावाँ
वगदी वा दे तरले पावाँ
तेरी याद आवे ते रोवाँ
तेरा ज़िक्र कराँ ताँ हस्साँ
किधरे न पैन्दियाँ दस्साँ
वे परदेसिया तेरियाँ

दर्द न दस्साँ घुलदी जावाँ
राज़ न खोलाँ, मुकदी जावाँ
किस नूँ दिल दे दाग़ दिखावाँ
किस दर अग्गे झोली डाहवाँ
वे मैं किस दा दामन खस्साँ
किधरे न पैन्दियाँ दस्साँ
वे परदेसिया तेरियाँ

शाम उडीकाँ, फ़जर उडीकाँ
आँखें ते सारी उमर उडीकाँ
आँढ गवाँडी दीवे बल्दे

रब्बा साडा चानन घल्ल दे
जग वसदाए मैं वी वस्साँ
किधरे न पैन्दियाँ दस्साँ
किधरे न पैन्दियाँ दस्साँ
किधरे न पैन्दियाँ दस्साँ
वे परदेसिया तेरियाँ

1971

मेरी डोली शौह दरया

[1974 के बाढ़-पीड़ितों के सहायता-कोष के लिए रचित]

कल ताँई सानूँ बाबला
तू रखिया हिक्क नाल ला
सतख़ैराँ साडियाँ मंगियाँ
जद झुल्ली तत्ती वा
अज कीकन वेहड़ेओं टुर्या
किवें लाहे नी मेरे चा
मेरे गहणे नील हत्थ पैर दे
मेरी डोली शौह दरिया
अज लत्थे सारे चा
मेरी डोली शौह दरिया

नाल रुहडदियाँ रुहड गयाँ सद्धराँ
नाल रोन्दियाँ रुल गए नीर
नाल हूँजे हूँज के लै गए
मेरे हत्थ दी लेख लकीर
मेरे चुन्नी बुक सवाह दी
मेरा चोला लीरों-लीर
लज पालन बोहड़े भैन दी
कोई कर्मांवाले वीर

मेरा चोला लीरो-लीर
मेरे लत्थे सारे चा
मेरी डोली शौह दरिया
सस्सी मर के जन्नतन हो गई
मैं तुर के औतर हाल
सुण हाड़े इस मस्कीन दे
रब्बा पूरा कर सवाल
मेरी झोक वसे, मेरा वीर वसे
फेर तेरी रहमत नाल

कोई पूरा करे सवाल रब्बा
तेरी रहमत नाल
मेरे लत्थे सारे चा
मेरी डोली शौह दरिया

1973

रब्बा सच्चिया

रब्बा सच्चिया तूँ ते आखिया सी
जा ओए बन्दिया जग दा शाह हैं तूँ
साडियाँ नेहमताँ तेरियाँ दौलताँ ने
साडा नैब ते आलीजाह है तूँ

एस लारे ते टोर कद पुछिया ई
कीह ऐस नमाणे ते बीतियाँ ने
कदी सार वी लई ओ रब साइयाँ
तेरे शाह नाल जग की कीतियाँ ने

किते धौंस पुलिस सरकार दीए
किते धाँदली माल पटवार दीए
ऐंवें हड्डाँ'च कल्पे जान मेरी
जिंवें फाही च'कूंज कुरलावँदीए
चंगा शाह बनाया ई रब साइयाँ
पोले खाँदेयाँ वार न आँवदी ए
मैंनूँ शाही नईं चाहीदी रब मेरे
मैं ते इज़्ज़त दा टुक्कड़ मंगनाँ हाँ
मैंनूँ ताँहग नईं, महलाँ माड़ियाँ दी
मैं तो जीवीं दी नग्गर मंगनाँ हाँ

मेरी मन्ने ते तेरियाँ मैं मन्नाँ
तेरी सौंह जे इक वी गल्ल मोड़ाँ
जे इह मंग नई पुजदी तैं रब्बा
फेर मैं जावाँ ते रब कोई हौर लोड़ाँ

1974

क़ता

अज रात इक रात दी रात जी के

अज रात इक रात दी रात जी के
असाँ जुग हज़ाराँ जी लित्ता ए
अज रात अमरत दे जाम वाँगूँ
इन्हाँ हत्था ने यार नूँ पी लित्ता ए

1971

अनुवाद

नाज़िम हिकमत* के अफ़कार

ज़िन्दाँ से एक ख़त

मेरी जाँ तुझ को बतलाऊँ बहुत नाज़ुक ये: नुक़्ता[1] है
बदल जाता है इंसाँ जब मकाँ उस का बदलता है
मुझे ज़िन्दाँ में प्यार आने लगा है अपने ख़्वाबों पर
जो शब को नींद अपने मेह्रबाँ हाथों से
वा करती है दर उसका
तो आ गिरती है हर दीवार उसकी मेरे क़दमों पर
मैं ऐसे ग़र्क़ हो जाता हूँ इस दम अपने ख़्वाबों में
के: जैसे इक किरन ठहरे हुए पानी पे: गिरती है
मैं इन लम्हों[2] में कितना सरख़ुश-ओ-दिलशाद[3] फिरता हूँ
जहाँ[4] की जगमगाती वुसअतों[5] में किस क़दर आज़ाद फिरता हूँ
जहाँ दर्द-ओ-अलम का नाम है कोई न: ज़िन्दाँ[6] है
"तो फि'र बेदार होना[7] किस क़दर तुम पर गराँ[8] होगा"

---

* तुर्की के मशहूर शायर जिन्होंने पहले विश्वयुद्ध के दौरान तुर्की की जंगे-आज़ादी में हिस्सा लिया और बाद में ज़्यादातर ज़िन्दगी क़ैद और निर्वासन में बिताई 1963 में निधन हुआ।

1. भेद, 2. क्षणों, 3. प्रसन्नचित्त, 4. दुनिया, 5. विस्तार, 6. जेल, 7. जागना, 8. भारी।

नहीं ऐसा नहीं है मेरी जाँ मेरा ये: क़िस्सा है
मैं अपने अज़्म[1]-ओ-हिम्मत से
वही कुछ बख़्शता हूँ[2] नींद को जो उसका हिस्सा है

1. संकल्प, 2. दान देता हूँ।

वीरा* के नाम

उसने कहा, आओ,
उसने कहा, ठहरो,
मुस्काओ, कहा उसने
मर जाओ, कहा उसने
मैं आया,
मैं ठहर गया,
मुस्काया
और मर भी गया

* नाज़िम हिकमत की रूसी पत्नी।

वा मेरे वतन

ओ मेरे वतन, ओ मेरे वतन, ओ मेरे वतन
मेरे सर पर वो टोपी न रही
जो तेरे देस से लाया था
पाँवों में वो अब जूते भी नहीं
वाक़िफ़ थे जो तेरी राहों से
मेरा आख़िरी कुर्ता चाक हुआ
तेरे शहर में जो सिलवाया था

अब तेरी झलक
बस उड़ती हुई रंगत है मेरे बालों की
या झुर्रियाँ मेरे माथे पर
या मेरा टूटा हुआ दिल है
वा मेरे वतन! वा मेरे वतन! वा मेरे वतन!
क़ज़ाकिस्तान के प्रसिद्ध नौजवान कवि
उल्जुज़ उमर अली सुलेमान की कविता का अनुवाद

क़ज़ाकिस्तान के प्रसिद्ध नौजवान कवि
उल्जुज़ उमर अली सुलेमान की कविता का अनुवाद

सहरा की रात

कहीं भी शबनम[1] कहीं नहीं है
अजब के: शबनम कहीं नहीं है
न सर्द ख़ुर्शीद की जबीं[2] पर
किसी के रुख़[3] पर, न आस्तीं पर
ज़रा-सी शबनम कहीं नहीं है

पिसे हुए पत्थरों की मौजें
ख़मोश-ओ-साकिन[4]
हरारते-माहे-नीम शब[5] में सुलग रही हैं
...और शबनम कहीं नहीं है

बरह्ना-पा ग़ोल[6] गीदड़ों के
लगा रहे हैं बनों में ठट्ठे
के: आज शबनम कहीं नहीं है

---

1. ओस, 2. मस्तक, 3. चेहरे, 4. स्थिर, 5. आधी रात के चाँद की गर्मी, 6. नंगे पैर झुंड।

बबूल के इस्तख़्वाँ[1] के ढाँचे
पुकारते हैं
नहीं है शबनम, कहीं नहीं है

सफ़ेद, धुँधलाई रोशनी में
है दश्त[2] की छातियाँ बरह्ना[3]
तरस रही है जो हुस्ने-इंसाँ लिए के: शबनम का एक क़तरा
कहीं पे बरसे

ये चाँद भी सर्द हो रहेगा
उफ़क़[4] पे: जब सुब्ह का किनारा
किसी किरन से दहक उठेगा
के: एक दर्मान्दा राहरौ[5] की
जबीं पे शबनम का हाथ चमके

1.हड्डियाँ, 2. जंगल, 3. नग्न, 4. क्षितिज, 5. थका हुआ पथिक।